T. Perley

From timber to town, down in Egypt, by an early settler

T. Perley

From timber to town, down in Egypt, by an early settler

ISBN/EAN: 9783337057176

Printed in Europe, USA, Canada, Australia, Japan

Cover: Foto ©ninafisch / pixelio.de

More available books at **www.hansebooks.com**

FROM TIMBER TO TOWN.

From Timber to Town

Down in Egypt

BY

AN EARLY SETTLER

CHICAGO
A. C. McCLURG AND COMPANY
1891

TO THE
PIONEERS OF ILLINOIS AND THEIR DESCENDANTS,
WHO REMAIN,
AND TO THE MEMORY OF THE DEPARTED,
THIS VOLUME IS DEDICATED.

CONTENTS.

CHAPTER.		PAGE.
I.	How I Com' ter 'Rite it	9
II.	Why we Moved ter a New Kuntry	16
III.	A Movin'	23
IV.	Post Oke Flat	31
V.	Miss' Grigs'es	39
VI.	The Fust Sundy	48
VII.	The Jones'es	53
VIII.	Our Fust Ye'r in the New Kuntry	61
IX.	Our Fokes	71
X.	Ole Daddy Suggs'es Fokes	81
XI.	The Settelmunt Fokes	90
XII.	Lishy Menden'all, the Hard Shell	99
XIII.	Meddlers Make a Match	104
XIV.	Lishy's Doin's	114
XV.	Our Meetin' House	122
XVI.	Blazes an' the Post Oke Flatters	128
XVII.	Camp Meetin'	138
XVIII.	Camp Meetin' Continood	147
XIX.	Camp Meetin' Sundy	155
XX.	A Gyarden the Camp Groun'	162
XXI.	The Attact an' the Vict'ry	170
XXII.	Paul Wheelrite's Closin' Sarmint	182
XXIII.	The Gran' March an' the Windin' up o' Camp Meetin'	191

CHAPTER.		PAGE.
XXIV.	Camp Meetin' Effec's	195
XXV.	Mis' Menden'all's Visit	200
XXVI.	The Corn Shuckin'	205
XXVII.	The Dinner	214
XXVIII.	'Pon 'Onor	219
XXIX.	Pisgy	232
XXX.	Crippled an' Dish'arten'd	237
XXXI.	My Fever an' our Naburs	249
XXXII.	Father Wins	257
XXXIII.	Outen Darkness inter Lite	266
XXXIV.	Town Fokes an' Kuntry Fokes	271
XXXV.	Me an' Kizzy	283

FROM TIMBER TO TOWN.

I.

HOW I COM' TER 'RITE IT.

One day, arter me an' mother wus a livin' by ourselves agin, our chillern all marri'd an' gon', one o' them ar scribblin' fellers step'd in wi' a paper he wanted me ter sine, a settin' forth thet he wus a gittin' the names o' the leedin' c'aracters o' the kounty wi' the intenshun o' ritin' a passel uv 'em up es ripresentives o' the balence, an' bring 'em out in a big book tergether wi' ther rale steal plate picturs. An' thet a havin' heern o' me es monstr'us well off, an' the bes' specumen uv a self-made man in the 'hole state, he'd call'd ter git my fotograf an' enny littel items ur fam'ly secrets not ginrally know'd, an' ud he'd me off an' rig me out in sich gran' style I'd scursely know my own self when he onct got me inter print, an' thet the book ud cost ten dollars, more ur less, 'cordin' ter the kiver, wi' a trifel extry fur the steal portrates.

An' when he'd talk'd hisself cleen outen bre'th I tole him I wusn't a hankerin' arter a bein' sot up es no sorter specumen whatsomdever, thar a bein' plenty o' fittener'n men'n musself fur this 'ere 'onor, ef they tuk it thet a way, whech I didn't, an' I sed them thet giv' me in es a self-made man wus monstr'us mistuk, sarcumstances an' uther fokes a havin' don' a site ter inflooence my ways an' mo'ld me inter what I wus,— good, bad ur indef'rent. An' I sed onct when I wus a lyin' low an' helpless, Providens tuk my tangeld affa'rs inter han' an' stratened 'em out 'an got 'em inter a thousan' times better shape than I'd a dar'd hope fur, ur wus in enny wise wurthy ter receeve. An' I tole him I'd never gon' off a sarchin' arter no fortin, thet whatsomdever surplus I mout possess hed com' an' hunted *me* up, an' I cudn't say but I'd a bin better satisfide wi' less an' my ondevided farm then ter a seed it all cut up inter bildin' lots, an' thet the ole peece an' quiet ud a bin more ter my noshun then the noise o' the hissin', shreekin' injins an' the big masheen shops. An' thet when the Raleroders sent our Jeems ter ax fur rite o' way, I tole him I 'low'd ter fite ter the last agin enny change, fur mother's sake more'n my own, thet she'd allus stud up fa'r an' squar' an' don' more'n her sheer ter make the farm what it wus an' desarved ter live thar ondistarbed ter the eend o' her days. An' then mother sed mebbe 'tud be better fur us ter giv' in an' drift 'long sorter e'sy wi' the times then ter oppose 'em, kase the Ralerode wus boun' ter com' *somewhars*, an' the stren'th o' two ole fokes like us a tryin' ter keep back the new improvemunts, wudn't be o' no more fors then a cuppel o' straws agin the current o' the roarin' Massissippy in high water. An' I sed et this ere pint our Jeems, thet is a member o' the Legislatur', he cheered his mother an' sot her ter a laffin' an' got inter sich high glee over her ilokence hisself it roused me inter a fit o' laffture, two, an' when we all sober'd down and talked things over agin, I tuk a defrent v'ew an' agreed ter grant rite o' way thru' my farm, an' thet ar wus how the Raleroders floor'd me.

An' the scribbler sed he'd heern "Mr. Jeems Dean" wus a monstr'us pop'lar man an' allus run a long ways ahed o' his ticket. I agreed thet in this 'ere purtickler pint he'd been ritely informed an' thet I wus boun' ter say thet in a speechifyin' my boy hedn't menny ekals; an' thet whendever I crep' up onter the aidge o' the crowd teer heer him I ginrally hed ter back off, all uv a suddent, kase when he got warmed up onter one o' his tetchies' stranes, 'twus mos' enuff ter draw teers outen the hardes' an' onfeelinest rock; but I furder remark'd thet I wudn't a menshun'd this 'ere fac', ef the boy favor'd me, whech he didn't, a bein' patterned pine blank arter his mother's side o' the house. An' the scribbler peerin' ter be more intrusted in a makin' littel dots an' scratches onter a peece o' 'rappin' paper a lyin' on the tabel then in my talk, I sez: "Ef you've heern me (et whech he smiled an' nodded) ye know by this 'ere time I aint got no trumpet ter be blow'd; an' es fur a pictur', non' o' me aint never bin draw'd an' I aint a gwine ter run the resk o' smashin' nobody's masheen by a havin' narry one tuk now!" While I wus a talkin' he wus a fumblin' roun' 'mong a pile o' ole doggerytipes on the tabel, an' a haulin' out one 'o Brother Mose he declar'd 'twus pine blank like me, 'cep'the forrid, an' ax'd me ter squar' roun' an' keep stiddy an' he'd soon show me the defrence. An' in less'n no time he scratched off somethin' in his littel book monstrous like me, 'cordin' ter his own noshun an' mother's thet she beg'd him ter t'ar out an' giv' her, whech he promis'd ter send her arter a copyin' off the ritin' on tuther side when he got home, and ter do him jestis I mus' say he wus es good es his word, an' mother keeps it in her bible ter this 'ere vary day. But we cudn't make out what he call'd 'ritin', its a bein' more like bird tracts 'n ennything else. Wel', the pictur' wun mother over compleete an' when she ax'd ef I hedn't better sine fur the book I 'low'd I hed, a bein' convinc'd 'twusn't no use ter set up no argyments agin it, kase in the eend 'tud be a losin' bizness.

Arter a satisfyin' musself that the yung man hed fell in wi' all I sed agin thar a bein' ennything wuth 'ritin' up in my past doin's I sot my ortergraff down onter his paper in a big plane han' that mout a bin red cleen 'crost the room an' tole him ter soot hisself 'bout the kin' o' kiver he clap'ed onter my book, and no complantes ud be made when pay day com' roun', thet 'peered ter tickle him monstr'us. Then arter a foldin' up the 'rappin paper keerful like, he put it inside tuther'n an' a shovin' 'em both inter his brest pocket, he backed hisself down our frunt steps an' tuk off up the big rode, whech they now call "The Avenoo."

Wel', a long time arterwurds, when I 'low'd the projec' o' 'ritin' fokes up hed fell thru, a stranger brung me a big, clumsy book an' show'd my name sined onter the ole paper thet I re*cog*nized an' pade off my oblugashun an' started out squar' wi' the worl' agin. Arter supper, while mother wus out in the kitchen a washin' up her chany, a job she allus 'ten's ter herself, I sot musself down wi' the book, a thinkin' I'd like ter see what they said 'bout leedin' men, an hedn't more'n turn'd the fust leef when I kotch site o' my own portrate made arter the one the scribbler draw'd, a standin' out bole an' onconsarned like in the forgroun'. An' a lookin' furder I com' onter what I'd menshun'd ter the feller sketched out an' twisted roun' an' palaver'd over, a puffin' me up a site bigger'n life an' a thousan' times more onnateral, a paintin' me out es the sole o' truth an' 'onor, thet frum boyhood up hed allus putt my affa'rs inter the han's o' Providens an' never wus know'd ter utter what wusn't so, nur ter do a ac' o' injestis ter nobody; a pa'r o' wings an' a halloo bein' all thet wus needed ter blossom me out inter a full fledg'd angel. The more I red, the redder I felt musself a gittin' in the face ontell the fi'ry sperrit o' my y'uth, thet I 'low'd hed gon' outen me ter stay, com' back, an' all uv a suddent I rased the book in both han's an' flung it, wi' full stren'th agin the furdes' wall, an' then mother com' a runnin' in an' axed ef somethin' hedn't drap'd. I said "more'n likely" an' pinted ter the book thet lay scatter'd on the flore, the back an' leaves a havin' parted comp'ny, an' tole her not ter sile her han's wi' thet ar trash. But peerin' not ter a heern me, she lifted the peeces up an' a puttin' 'em tergether monstr'us keerful like, lade the book onter the tabel, 'thout no quest'on nur remark.

'Twus some time arter a bein' brung out thet a way, 'fore I ventur'd ter face the publick, but purty soon a passel thet hed got ther books com' ter me wi' congratoolashuns, a mortifyin' an' aggervatin' me ter thet ar pitch I call'd my fam'ly tergether an' tole em somethin' hed ter be did. My y'unges' boy sed I orter file a cross bill by a 'ritin' *musself* up, an' et this 'ere they all jined tergether an' clamur'd fur me ter peece inter one big narrutiv' all the 'counts o' the ole pineers an' 'arly days I'd give 'em when they wus littel, an' putt musself in es leedin' man. An' I sed thar wus a monstr'us site o' defrence 'twix' tellin' a story an' a 'ritin' one out fur tother fokes ter reed, an' I cudn't ondertake nuthin' o' this 'ere kin' 'thout help, an' then Jeems up an' volunteer'd ter "ordit the 'counts ef father'll make 'em out," an' thet ar putt 'em all inter a monstr'us good 'umor. I tride ter make 'em ser'os by sayin' when I 'rote musself up things mout com' out they'd ruther never a know'd, kase I wus boun' ter make a cleen bre'st o' ever'thing; but they only laffed louder'n ever, an' sed they wus all willin' ter take the resk.

The upshot wus I bought me a quire o' paper an' putt on my studyin' cap an' started out ter 'rite wi' the idee I cud tell all I know'd an' turn the 'counts over ter Jeems ter be totch up in a few weeks; but I wus monst'rus mistuk, fokes an' sarcumstances a crowdin' in ontell now I've been a puttin' in the bigges' part o' my spar' time fur I dunno how menny ye'r an' jis reech'd the eend. But Jeems never wated fur me ter finish, a takin' holt from the vary start a stickin' ter me thru thick an' thin, a slingin' ink rite an' left hisself, a pepperin' in a site o' dots onter ever' page, a markin' off stoppin' places, an' a he'din' up startin' pints. Ter be es exac' es possubel I mout say I cut an' hewed all the raw materal an' got the bildin' inter shape, and Jeems putt on the finishin' tetches. A havin' bin druv inter takin' up my pen es a weepon o' self defens, I now lay it down agin wi' the satisfacshun thet et las' the truth hes bin tole an' jestis did, an' com' what may I aint a struttin' roun' in no cote o' ondesarved pra'se.

II.

WHY WE MOVED TER A NEW KUNTRY.

Reckon ef father hedn't a bin a Purfesser we mout a lived in Ole Kaintuk ter this 'ere vary day, what's left uv us, onless we'd a emugrated furder south, es som' o' our kin done, an' a busted up wi' the Confed'acy. I've heern tell o' them es bleeves what's a gwine ter happen is jes boun' ter happen *ennyhow*, an' ye can't manoover ter git roun' it, no way, whatsom'dever, kase 'twus foreknow'd an' foreordaned from the beginnin'; but I've heern, two, that these 'ere uns deffers 'mong therselves *'bout* the foreknowin' an' foreordanin', som' holdin' 'em ter be the same thing an' tutherns a contendin' it don't foller kase a thing wus foreknow'd 'twus foreordaned, two. They call this 'ere 'kin' o' fokes "Purdestinaturs," an' say they're monstr'us stiff neck in whechever side o' ther own doctrin' they've tuk up wi'; but all I know 'bout 'em is frum heersay, a bein' a Methodis' musself, in full standin' fur a gwine on sixty ye'r. An' my bleef is, or *orter* be, thet man's a free agent left ter hisself ter choose 'twix' good an' evil, but sometimes it peers es ef a onseen power wus a actin' on sarcumstances an' a drivin' him inter one way ur tuther agin his own will. When I hinted this 'ere idee ter our preecher he sed when a body started in ter speculatin' thar wusn't no tellin' whar he'd come out an' 'twus best ter keep a firm grip onter things we wus shore uv an' let tuthern's slide, an' thet es we hed ter walk by faith an' not by site in this 'ere trubbelsom' worl' 'twus best ter take things on trust an not bother our branes wi' what we don't onderstand. But wi' all his reasonin' I cudn't help a wonderin' ef our movin' hed bin foreknow'd ur foreordaned, an' how it mout a turn'd out ef purdestinated som' uther way. I'd heern father a talkin' things over wi' mother 'fore they'd made up ther min's ter leave ther ole home an' it peer'd ter me 'twusn't no free agency but a bein' druv by sarcumstances. Wel', es I sed a bein' a Purfesser an' a havin' a monstr'us high temper allus a lyin' in wate ter pounce out onawares an' git the upper han' when he wus aggervated, wus the cause o' father's movin' us off ter the new kuntry. I can't never forgit how when I was a chunk uv a boy, not more'n ten yer ole, he com' home late one nite arter us chillern wus in bed an' 'sposed ter be soun' asleep an' sot down ter his supper an' kep' a foolin' roun' his plate, a rattlin' his knife an' fork ter sorter purtend, but not a eatin' a single bite. Then he haul'd his cher inter the furdes' corner o' the big fireplace an' sot down an' drap'd his hed inter his han' 'thout a openin' uv his mouth. Mother wash'd up the deeshes, not a venturin' no remark nuther, her a knowin' father never wanted ter be bother'd non' wi' questuns an' thet all creashun cudn't a got a word outen him, nohow, ontell he tuk a noshun ter speek hisself. Arter mother got thru the deeshes she swep' up the hath an' then tuk her knittin' an' sot herself off in tuther korner clost ter the jam whar she'd stuck our little lamp. Then father tuk down his han', all uv a suddent, an' a lookin' et mother monstr'us arnest axes· "Murlindy, what did I marry ye fur?" An' a speakin' up es esy an' naterales ef they'd bin a convarsin' on this 'ere vary subjec' fur a hour mother sez: "Kase ye liked me a monstr'us site better'n enny gal ye'd ever seed afore in all yer born'd days ur 'spected ter see ef ye lived ter be a hunderd." "My pine blank words, but I'd cleen forgot 'em!" sez father. "An' ye bleeved me?" "It follers I bleeved ye when ye sed it so monstr'us affectin' like an' blong'd ter the church inter the bargin!" sez mother. "An' ye aint never hed no reeson ter change yer min' an' 'low I marrid ye fur what I kalc'lated I'd git 'long wi' ye?" "O' corse not!" sez mother, a spunkin' up. "Ef ye'd a bin arter propety thar was plenty o' rich gals in the settelmunt an' 'twus well know'd my sheer uv the farm ud not be much when 'twus divided up 'twixt me an' the two boys!" "Wel', Murlindy!" sez father, "the boys waylade me et the cross rodes terday an' flung inter my teeth thet I marrid ye fur yer sheer, a makin' me thet 'rothy I wus putt up ter all I know'd, a holdin' both fists clinch'd tite in my pockets ter keep frum a givin' 'em both somethin' ter remember me by ter the eend o' ther days, an' thet ud a brung a reflecshun! 'Twus monstr'us hard ter stan' ther imperdence an' hole in, but I don' it, a tryin' ter argefy ter musself thet they wus both in licker. Then I left 'em a howlin' ther abuse arter me an' went ter ole Kernal Whitesides fur advice an' *he* sez, "Law 'em, ef it takes the farm, whech it's more'n likely 'tull do!" "But I cudn't bar ter think," sez father, "o' lawin' off the ole homested whar ye was all brung up, an' so menny o' yer fokes a lyin' berried thar in the ole orchard, an' hev it go inter the han's o' strangers fur nuthin'. Seems a pity the boys is so hot he'ded an' onreasonabel when all we ax is a settelmunt, the farm ter be 'praised by men es aint got no pref'rence, the boys ter giv' ther j'int note fur yore sheer ter run es long es they say, an' ter pay in pussonal propety, ur money, frum yer ter yer, us ter giv' 'em our bond fur a deed ter yer sheer et fust, an' a quit clame when they take up ther note, an' then arbutrate furder on a dividin' up the niggers. Ever'body thet's giv' a' pinyun sez we're a makin' 'em two good a offer, but wi' all my reesonin' and pursuadin' I aint never likely ter git nuthin' outen 'em but a fite, an' ef they crowd me two clost they may git more o' thet outen *me* then enny uv us barg'n fur!" An' then father's he'd fell inter his han's agin an' mother sez, "The boys orter be 'shamed o' therselves arter all you've don' ter help improve an' keep up the farm a leavin' yer own work ter grub an' take in thet 'ar north fiel' when they wus off a frolickin'. But thet wus when they wus singel an' y'ung fokes mus' hev ther 'musement, an' we cud inflooence 'em a littel then, but arter they'd brung strange wimmin fokes inter the fam'ly 'twus def'rent, but I wudn't hint ter them o' ther wives faults for the worl', they've got ter live wi' 'em an' not me, an' its my pinyun when fokes makes a bad barga'n in marryin' they orter stick the closter ter it!" Father tuk down his han' agin an' sez, "I 'low thet ar's the reeson ye're a stickin's so clost ter *me*, Murlindy!" Et this 'ere mother smiled an' shuk her he'd a keepin' rite on wi' her talk. "Rube's wife," sez she, "peers ter be sich a self will'd an' cravin' critter actooally a begredgin' me thet ar little chist o' things mother left me thet hed bin hern an' *her* mother's 'fore her an' thet she wanted allus kep' on the wimmin's side o' the fam'ly es airlooms, them a bein' nuthin' but a passel o' ole fash'on weddin' cloes, no arthly use ter nobody 'cep' *es* airlooms an' thet too arter her an' Jess'es wife hed tuk possesshun o' ever' other blessed thing thet blong'd ter mother an' me never a axin' 'em fur nuthin' nur a lettin' on how bad my feelin's was hurt. An' Jess'es wife she tuk sides wi' Rube's an' argyd thet I orter devide. I didn't want ter be selfish but jis *cudn't* hev the hart ter act agin mother's will an' her gone, an' then she'd putt all o' them ar things inter the chist fur *me*, 'bout the las' day 'fore she tuk her bed fur good.

Peers ter me when they're don' tormentin' us they're a gwine ter hev a split up 'mong therselves, onless Jess'es wife gives in ter Rube's, an' the wimmin 'ull agg the men on an' one fam'ly ur tuther ull hev ter move offen the ole plaice!" "I don't keer who aggs on nur what they do 'mong therselves ef we're not drug inter it!" sez father. "Ef I cud hev my way we'd move cleen off an' git shed o' the last one uv 'em!" "Thar wudn't be no missin' on narry side ef we *did* go!" sez mother, "them never a comin' neer'd us sense we've bin a tryin' ter settel an' me never a gwine nowhars onless shore uv a welcome!" "Murlindy!" sez father, "I've hed som' monstr'us ser'os tho'ts sense the boys attact me ter day. Nex' time I moutn't be abel ter grip an' hole on ter musself an' things mout happen we'd all be sorry fur ter our dyin' day! You know the Bowies an' Carters begun ter quarrel over devidin' a peece o' land in ole Virginny an' its bin kep' up in two ur three ginerations an' a site o' blood's bin spilt 'twixt 'em, som' a bein' kill'd an' tuthern's crippeld an' the furs still a gwine on an' no tellin' whar 'tull eend. An' I've thot es all our four chillern is boys it mout be a good thing ter move off ter a new kuntry 'way frum hard feelin's an' let Rube an' Jess keep the farm. It can't run way nur be sold 'thout yore witness'd mark an' es the niggers is all kin ter one nuther an' I've heern ye say ye didn't want 'em siperated, let the boys keep *them* too. Wi' a willin' hart an' my strong pa'r o' han's I ken make a good livin' fur us all 'thout a havin' no flouts nur nuthin' an' show the boys I'm independen'. This 'ere's what I'd like ter do, but am afeer'd you'd think the hardships two grate ter ondergo, Murlindy, but I want ye ter reflec' it over fur a month ur two an' ef ye make up yer min' thet a way I'll do all I can ter make things esy fur ye!" While he wus a talkin' mother peer'd ter be a studyin' monstr'us hard, then she roll'd her knittin' tergether, sorter slow, an' a slippin' the ball onter the eend o' the needles riz an' a tip toein' stuck it up inter a high crack in the wall outen reech o' the littel uns fingers, then a turnin' roun' she sez, "Moses, no plaice aint a gwine ter be too hard fur me thet ull keep us all outen trubbel an' in the rite tract, an' ef ye say the word we'll pack up an' start off termorrer!" Et this 'ere father sprung up es ef a bomb hed exploded onder his cher an' a grabbin' both mother's han's sez, "Hurra, Murlindy, ye've got the rite pluck an' air a wummin uv a thousan'!"

III.

A MOVIN'.

The new kuntry fever'd raged in our naburhood, rite smart, an' a few scatterin' kases hed been tuk off wi' it, an' them thet moved 'em an' tuther'ns whech hed gone long outen curos'ty ter see the lay o' the land, com' back wi' big reports. An' when it got noised roun' thet the diseese hed struck father these 'ere uns use' ter com' an' lofe roun' our house ontell midnite, lots o' times, a spinnin' uv ther long yarns a picturin' out the purrarys monstr'us purty, the timber good, rivers an' criks a runnin' ever'whars handy, never falin' springs a gugglin' outen hills an' all sorts o' wile game es thick es muskeeters in Augus' a makin' ever'thing jis perfec' wi' no drawbacks, ontell father got ter a thinkin' 'tud be a wastin' time ter live enny longer in ole Kaintuk. An' ter putt the capsheef on, one man sed he'd heern tell o' plaices furder on whar thar wus pon's o' straned hunny an' flitter trees a growin' in the middel an' all a body hed ter do wus ter nock on a tree wi' one o' the poles, thet wus a lyin' thar handy, wi' a hook on the eend an' the flitters ud tumble off inter the pon' an' turn therselves over an' smeer up wi' hunny an' ye cud jus fish 'em out an' ete 'em. All the fokes they mos' split ther sides a laffin' et this 'ere whopper, me es well es the balence, but our Jim thet wus the nex' younger'n me, he jis tuk ever' word fur gorspel truth a havin' ter be lick'd 'fore he'd giv' up an' take father's word thet the man wusn't only a funnin'. Wel', the crysis it arriv wi' father an' he begun on his priperashuns fur ter start. A rite smart o' them thet brag'd up the new kuntry hed giv' him ter onderstan' thet they wus a gwine ter take ther fam'lys an' go long two; but as the time draw'd nigh fust one an' then nuther back'd out ontell our fokes wus the only uns left. But thar never wusn't no back down nur back out ter father. Whendever *he* sot out ter do a thing it *hed ter be done*, 'thout thar wus som' monstr'us good reeson fur the contrairy an' in this 'ere kase ever'thing peer'd ter be a pintin' ter the new kuntry. Movin' 'taint no joke, es ever'body 'll bar witness thet's tried it. When we begun ter pull up stakes, tho' we hed so few things, I'd heern mother say offen, she was push'd ter git on wi' 'em, now, all uv a suddent they peer'ed ter be sorter a growin' an' a multiplyin' onter our han's. An' some two good ter throw 'way an' not good nuff ter giv' nobody an' no room ter pack 'em an' thar was a quan'dry. Our big kiver'd waggin was druv up an' left a standin' 'fore the dore so's mother cud superinten' the packin' an' hev things konveenent like when needed. Granny's littel chist wi' the reliks went in fust, sorter eendwise, an' our black warnut stan' nex', bottom up'ards on some ole quilts, the legs fill'd in wi' pillars, an' then nuther chist an' more beddin', mother 'rangin' 'em all monstr'us neet an' ord'ly like ontell father, a gittin' outen patiens, handed up things thet thick an' fast, 'twus'nt no time 'fore the waggin wus cram full an' lots o' truck still on the groun' Then father he sez, "Murlindy, ye see 'taint no use a gwine on thet a way. Ef ye spec' ter hev a plaice fur ever'thing an' ever'thing *in* its plaice, ye'll need a waggin es big es all outen dores! Git down an' *I'll* fin' room fur all o' these 'ere traps!" Mother clum' out a lookin' monstr'us diskurig'd an' father got in an' tuk holt o' things wi' a will, a stompin' on some an' a jammin' tuther'ns down an' a wedgin' in more purmiskis like ontell ever' blessed thing was pack'd an' a bed on top, whar mother an' the littel uns cud sleep when we hed ter camp out on the rode. Then he clum down onter the waggin tung ter rest hisself an' wipe the prespirashun offen his forrid, a lookin' tired but monstr'us well satisfide. An' mother a comin' outen the house he sez ter her, "Ye ken see, Murlindy, it takes a man purson ter fix things rite arter all. Wimmin fokes they's good nuff ter potter roun' an' ten' ter ther own littel chores in the house whar thar aint no kalclatin' nur nuthin', but when it comes ter a plannin' hed work like a lodin' up fur a move, they aint no 'count whatsomdever!" "But whar's the cookin' utenshils thet 'ull be needed three times a day on the rode?" axes mother, a sarchin' all roun' thru the aidge o' things 'thout a findin' uv 'em. An' then it lceked out they'd all bin stow'd inter the bottom o' the waggin an' ever' solutary trap father'd pack'd jis hed ter be haul'd out an' loded in agin, a makin' uv him thet aggervated his temper ud a bust out, afful, ef thar'd a bin ennybody ter blame but hisself.

It peer'd cur'os ter me *then*, thet when father wus in sich a peck o' trubbel mother jis turn'd her back on him an' walk'd inter the house wi' sich a monstr'us cheerful countanance, but it's com' over me def'rent sense I've got older an' hed rite smart o' expcerence wi' wimmin fokes mussell.

By noon we wus reddy fur ter start an' all our bes' fren's an' naburs they wus on han' ter wisht us luck on our jurney, but none o' Uncle Rube nur Jess'es fokes never show'd ther faces on the plaice. When the water an' tar buckets wus hung onder the waggin an' the las' cher stack'd on wi' the balence behin', father he geer'd up two o' the fines' specumens o' hoss flesh thet hed ever bin own'd in ole Kaintuk ter that ar per'od. Then mother clum in an' tuk the lines an' the three littel boys hus'led therselves up back o' her, an' father he le' down the bars an' turn'd our two cows an' calfs out an' a takin' his gun onter his sho'lder blow'd his horn, a bringin' all our houn's a jumpin' an' a caperin' roun' him wi' deef'nin' howls. Then our pursesshun tuk up the line o' march, me an' father a drivin' the stock an' a bringin' up the r'ar an' the naburs a cheerin' ontell we pass'd over a hill cleen outen site.

The fust nites we slep' in log cabins, thet we foun' ever' few mile on the rode, but arter a crossin' uv the river by the rope ferry we hed ter camp out in lonesome crik bottoms, whar we heern wile varmints a howlin' an' a screemin' in the distance, them sometimes a comin' neer'd 'nuff ter make our critters r'ar' an' plunge, es ef they'd brake loose frum the waggin wheels, whar they wus tied fur the nite. Father allus heap'd up plenty o' ded logs an' kep' 'em a blazin', a sendin' ther lite inter the dark woods a rite smart peece, him a knowin' nuthin' wud'n't com' two neer a fire. Them times we wus monstr'us glad ter see daybrake, an' arter brekfus an' feedin' wus over 'ud start on, a hopin' ter reech some sorter settelmunt 'fore nite, but ud offen travel days an' days 'thout a seein' a singel sole, an' then come' onter a clarin' in the timber whar thar wus a cabin an' a corn fiel'. Some o' them es lived in these 'ere plaices, peer'd cheerful like, a makin' the best o' ther surroundin's, an' tutherins wus monstr'us diskuridg'd an' wisht therselves back agin whar they'd started frum. Them es hed settled on swampy groun' or neer'd a crik bottom wus allus yaller es punkins wi' the mallary. But the wust thing wus the milksick, us sometimes a comin' whar fokes hed lost ever' hed o' ther stock wi' the diseese an' some o' the fokes hed tuk it from milk an' butter o'sick cows an' died. Nobody peer'd ter know what caus'd the milksick, some 'lowin' 'twus a pisen yarb cattel got in a grazin' an' tutherens jis shore 'twus a min'ral in the salt licks. The prospec' wus monstr'us dishertnin' ter father, him never a heerin o' none o' these 'ere drawbacks 'fore he left ole Kaintuck, 'lowin' he cud make his home ennywhars in the new kuntry an' hev all its advantiges; but he'd bin mistuk an' thar wusn't nuthin' fur him ter do but jis push on an' fin' out things fur hisself es he went. All the fokes we met a comin' back from the frontecr peer'd ter agree on thinkin' a high ridge o' timber jis beyant the fust purrary wus monstr'us he'lthy, wi' rich sile, good springs an' a littel settelmunt started. Arter a heerin' o' this 'ere plaice father made up his min' ter lay his clame thar, ef it sooted him, an' j'urney'd on in better sperrets.

One day while we wus a layin' by fur dinner we heern our dogs bark an' our critters nicker an' a lookin' seed two men a ridin' up outen the timber. A comin' neer they pass'd the time o' day wi' father an' tole him in a trav'lin' sorter crost kuntry they'd lost ther way, but a strackin' the rode et this 'ere plaice know'd by some ole blazes they pinted out on a big hick'ry an' a pin oke thet now they wusn't fur from Kiar Smith's in the Post Oke Flat. One o' the men wus a monstr'us big feller, 'peerently not more'n twenty yer ole, dark complect wi' snappin', rollin' black eyes an' long black ha'r a hangin' low down on ter his sho'lders an' he rid a he'vy iren gray. Tuthern wus a sandy he'ded feller 'peerin' ter be skeer'd o' the big un, never a takin' his yallerish blue eyes offen him, a stoppin' short in the middel uv ennything he started out fur ter say an' a takin' uv it back an' a mumblin' somethin' a body cudn't make out ef tuthern didn't chime in wi' him et onct, an' *he* rid a flisky, littel bay. They both wore buckskin huntin' shirts all fringed out roun' the aidges an' brown jeans pants ragged roun' the bottom an' ole slouch hats an' ther strong lether belts wus chuck full o' knives an' pistels. Father axed 'em ter lite off an' sheer our dinner o' corn bre'd, fride squir'l an' coffee, which they 'peer'd monstr'us willin' ter do, a eatin' es ef they hedn't tasted vittals fur a week. Then they tuk a look et our teem, examinin' both critters from hed ter foot, a openin' uv ther mouths an' a lookin' et ther huffs an' peerin' ter be struck wi' a monstr'us likin' fur the yunges' they banter'd father fur a trade a offerin' ter swap the gray fur him. Father not a fallin' in wi' the idee, they tride argyfyin' an' sed 'twus a pitty ter drive sich a fine anumal in a hevy waggin an' brake him down, thet he wusn't fit fur nuthin' but the saddle, thet the gray wus jis his age an' cud do more'n dubbel his work an' ud be wuth a duzzin o' ourn fur plowin' an' fam'ly use, him a bein' gentel es a lam' an' tuthern peerin' two high strung fur chillern ter han'le. Father still a holdin' off they offer'd boot an' sed ef he'd jis set his price, an' 'twusn't two steep, they'd take him up. Mother'd got the cookin' things pack'd inter the waggin an' wus a standin' back o' the men, whar father cud see her, an' him sorter hesitatin' like she giv' him a monstr'us strate look thet settl'd his min' et onct an' he tole 'em he cudn't trade on no turms, whatsomdever. "Then," sez the big un, " es ye won't part wi' yer critter fur good, stranger, an' we're all a gwine the same rode, sposin' ye work mine es fur es Kiar Smith's an' I'll ride yourn an' give him a rest." Father 'peer'd ter be a konsiderin' this 'ere offer when he look'd mother's way agin an' her a frownin' an' a shakin' uv her he'd he kotch up his geerin' an' flung it on ter his critter in a hurry, an' sez, " Much obleege fur yer offer, but mine ud keep up sich a trubbelsome nickerin' ef siprated from his mate ye'd take no comfort in a ridin' uv him!" 'Fore anserin' the big un swung hisself onter the gray an' a turnin' ter father sez, " Mebbe ye'll change yer min' 'fore we meet agin, 'kase I've tuk a monstr'us likin' ter yer critter an' ef I don't own him sometime 'twont be *my* fault!" Tuthern wus jis a bustin' out a laffin' when the big un shot him up, by a givin' the bay a cut wi' his whop an' both gallop'd up the rode 'thout no sorter " good by " nur thanks ter no body fur ther dinners. Arter they wus outen site mother sez, " I don' like the looks o' narry wun uv them ar men an' I'm monstr'us glad we're likely ter sleep in a settelmunt ter nite.

IV.

POST OKE FLAT.

We druv inter the Post Oke Flat 'bout a 'our by sun, a fotchin up 'fore a log cabin bodiatiously kiver'd wi' wile varmint skins naled ever'whars, even onter the dores. The bildin' stud inside a cornfiel' clost ter the big rode, wi' a pannel o' the rale fence flung down low nuff fur a body ter step over, an' thar wus a log stabel 'crost the rode 'thout narry fence 'tall. The post oke trees wus monstr'us thick, but a bein' no onderbresh nur nuthin' a body cud see a long ways off on ever'side. On the north wus a stretch o' bar'n land extendin' milds an' milds an' then a eendin' up et a monstr'us high ridge o' timber. This 'ere wus one o' them ar purrarys we'd heern uv, an' it *did* peer monstr'us cur'us ter see sich a whoppin peece o' open kuntry a lyin' all tergether.

But we hedn't much time ter look 'fore a pack o' dogs tore outen the cabin a yelpin' an' a makin' et our houn's fur a reg'lar pitch battel. Et the fust bark a crowd o' bushy he'ded wimmin fokes an' chillern fill'd up the dore, an' the nex' secant a quar lookin' man wi' a big club in his han' push'd his way thru 'em an' laid the licks rite an' left onter the dogs, a drivin' 'em back o' the house;

an' then two boys 'bout my size an' Jim's run out wi' sticks an' hel' the dogs et bay. They all wore buckskin soots an' koonskin caps, wi' the ring tales a hangin' down ther backs. The man wore lether moccasins but the boys wus b'arfooted an' *ther* cloes wus all shrunk an' srivelled es ef they'd bin wet an' got dried in the sun. When the dogs wus quieted down the man com' out ter the waggin' an' shuk han's wi' father an' sez "Howdy!" "Howdy yerself?" sez father. "Sorter middlin'!" sez he. "Whar d' ye com' frum?" "Ole Kaintuk!" sez father. "An' whar ye gwine?" "Ter hunt me a home in the new kuntry!" sez father. "Ye've foun' the rite plaice!" sez the man. "What mout yer name be?" "Moses Dean!" sez father. "An' what's yourn?" Som' fokes calls me 'Post Oke Smith'!" sez he, "but my rale name's 'Kiar'! Lite out wi' yer fokes an' bring in yer beddin'. My bunks is full but thar's room fur ye all on the flore, an' mebbe ye won't min' a hard bed ef its onder kiver. My fire place is big enuff fur all han's ter cook by an' no charges, ef you've got yer own purvishuns. An' mebbe you've got somethin' ter swop us fur a mess o' deer meet an' som'thin' else fur a drap o' peach brandy arter I've giv' the fust treet! I'm shore, stranger," he sez, "thet ye'll want ter lay yer clame in Post Oke Flat!"

While the talk wus a gwine on mother'd bin a eyein' the dore whar bushy he'ds kep' a dodgin' back'ards an' forrids, an' new faces a mixin' in et ever' change, an' she whispers ter father: "Less don't go in thar! One more nite a campin' out aint a gwine ter hurt us non'!" Then father stra'tened up an' tuk a good look et the crowd in the dore hisself thet made him jine in wi' mother 'thout no argyfyin', an' he thank'd Smith fur his horsepitality an' tole him he wus a gwine ter drive 'crost the rode an' onhitch an' make his fire an' then look 'roun' an' git sich purvishuns es he cud spar' an' com' back an' swop 'em fur meet.

While he wus a lookin' father jump'd offen the waggin an' then he kotch holt o' the neer critter's bridel an' he'ded the teem fur a big hick'ry log not fur frum the stabel. Smith, a seein' father wus a man thet knowed his own min', jis' star'd a minnit an' then went an' fotch out a big shuvel o' live coles an' bilt us a rousin' fire agin the log, an' help'd father ongeer the critters an' tie 'em ter the waggin wheels. By this 'ere time mother'd got all the coffee an' salt we cud spar' reddy ter be traded off, an' father went ter Smith's house an' swopped 'em fur a ven'zon ham, an' me an' Jim brung water frum a spring in the fiel'. Our supper was cooked an' sot on one eend o' the log an' we wus all a drawin' up ter eat when we heern a loud clatterin' o' hosses huffs thet brung Smith's dogs out a barkin' wuss'n ever an' a runnin' towards the eend o' the big rode we'd com' by. An' purty soon we seed 'bout a duzzin men wi' guns on ther sho'lders ride up ter Smith's cabin, ther critters all in a lather. The fo'must, a monstr'us detarmin'd lookin' feller, peer'd ter be the leeder an' he hed a big quile o' rope on the horn o' his saddel.

By the time they com' ter a halt father wus 'crost the rode wi' me an' our Jim et his heels an' Smith wi' his club an' boys wus a havin' a big row wi' ther dogs an' ourn thet hed jined, agin two fierce lookin' houn's a follerin' the strangers. When all the brutes wus silenc'd, the leeder ax'd Smith ef he'd seed ennybody on a big iern gray ur a littel bay pass by ter day. Smith pinted 'crost ter our teem, an' sed them wus the only critters thet hed bin 'long thet a way fur two days. 'Fore the stranger hed time ter open his mouth agin, father step'd up an' tole all he know'd 'bout the gray an' bay an' the men a ridin' 'em, a windin' up by a sayin' he'd bin mos' shore o' findin' 'em et Smith's. "We've tract 'em mite nigh heer!" sez the man, "but lost ther trail et the rocky branch et the corner o' the fiel' whar a passel o' cattel peer'd ter a gon' arter water an' made a lot o' fresh tracts. Them ar men tied one o' the river settlers ter a tree an' left him ter starve an' stold his teem, an' som' o' the naburs foun' him more ded 'n alive an' the hue an' cry's bin rased agin the theeves fur an' nigh. Two days ago we com' onter whar they'd b'ilt a fire in a crik bottom an' then rid a long ways thru the water ter hide ther tract, but we foun' it agin, an' com' out onter the rode whar movers hed camp'd. Recon 'twus this 'ere man an' his fokes, an' the hoss theeves can't be fur off!"

One o' Smith's boys thet wus a lis'nin' wi' mouth an' yers wide open spoke up an' sed two men hed com' thar a walkin' an' got drink an' vittals an' hedn't mor'n left when our fokes arriv'. Smith tride ter shet his boy up, but the leeder o' the gang shot *him* up, ontell they got a descripshun o' the men outen the boy thet agreed pine blank wi' the one father'd giv'. Then Smith brung his wife out an' him an' her sed both the men wus littel an' hedn't no purtickler complec' nur nuthin, not a bein' black ey'd nur sandy he'ded, but sorter middlin' like, an' Smith woun' up a sayin': "Ef ye'll foller the purrary rode ter the Widder Grigs'es ye'll fin' them ar two men a puttin' up et her house! They sed ther critters hed giv' out 'fore they left the river an' they wus a gwine ter let 'em rest thar ontell they went back frum ther visit ter one o' the furdes' fronteer settelments whar ther kin lived!" "A purty story!" sez tuthern. "It's my pinyun these 'ere's the vary men we're arter! Git out yer critter, Smith, an' bring 'long yer dogs ter help ourn in the s'arch." "Lite off fust an' let my ole wummin cook ye up a bite an' hev som'thin' ter drink," sez Smith. "We've got our snack," sez tuthern, "but ye may giv' us a drap o' som'thin' ter wash the dust outen our throtes, an' then hurry up an' saddel yer critter! We'll take yer dogs an' this 'ere boy ter gide us an' see whech way them fellers tuk."

'Twusn't long 'fore they wus off, Hank Smith an' the dogs in the leed, an' soon the dogs begun ter yelp an' howl es ef they'd struck a trail clost ter the rocky branch. Then Post Oke Smith, peerin' ter be in a monstr'us flurry 'bout som'thin', got onter his critter an' rode roun' tuther side o' the fiel' in a ded gallup. Es he rid off I overheern father tell mother the men wus reg'laters, an' 'twus his pinyun Smith wus a hidin' the hoss theeves; an' a drappin' his voice ter a whisper he sed som'thin' thet made mother look monstr'us skeerd, an' she sorter holler'd out: "Oh, no! no! not *thet!*" An' then he tried ter take back what he'd sed an' got mother ter go an' see Smith's wimmin fokes. 'Twusn't long 'fore she com' back an' sed thar wusn't no room in thet ar house fur visiters, 'kase fore big fam'lys wus a livin' thar wi' the Smiths, in ther one room, ontell ther own cabins wus b'ilt, an' they all peer'd ter hev ther siperat' lot o' cats an' dogs a mixin' in wi' the bushy he'ded chillern, a snarlin', scratchin' an' a fitın' tergether. Mother 'low'd Smith's wife mout a don' middlin' well ef she'd a hed a chance; but she 'peer'd monstr'us low sperreted an' dejected like, a lis'nin' ter ever' soun' an' sometimes a br'akin' off in the middle o' her talk an' a runnin' ter the dore ter look out. Tuther wimmin wus ruther def'rent, mother tho't, but the pore things all seem'd diskurig'd ur desprit, an' 'twusn't no wunder, 'kase ther ole men wus all a drinkin', carousin' set, frum what she cud gether, an' the chillern a growin' up wile tergether like a passel o' ill weeds.

When our beds wus reddy me an' father lay down onder the waggin, es usooal, an' tuther'ns inside. It was a monstr'us brite an' purty nite, the full moon a shinin' and the spring frogs a singin' in chune an' outen chune. Dunno what wus the matter, but non' o' our fokes 'peer'd ter be in the 'umor fur sleepin'. Me an' father kep' a rollin' an' a tossin' all nite, an' 'bout daybrake mother clum outen the waggin an' sot ter onkiverin the coles ter make the fire, but father got ahe'd wi' thet ar job an' then fed his critters while she cook'd brekfus'. When father was a geerin' his teem fur a airly start, the reg'laters rid up a leedin' the littel bay an' the iern gray, but the theeves wusn't wi' 'em. I looked fur the quile o' rope, but 'twusn't on non' o' the men's saddels, nur ther critters nuther. Smith brung up the r'ar, a ridin' 'long wi' his eyes on the groun', not a tetchin' his bridel nur a knowin' whar he wus a gwine ontell he wus brung cleen up agin his stabel, an' then he kotch up his ranes an' g'ided his critter ter whar tuther'ns wus a litin offen theirn.

Father tole me an' Jim ter stay whar we wus, an' went an' had a talk wi' one o' the men, an' then 'com' back an' 'thout a sayin' nuthin' 'bout what he'd heern, 'peer'd ter be in a monstr'us hurry ter git us started on our j'urney.

'Twusn't long 'fore we sot out an' soon the rode fotch us onter a littel rise frum whar we cud see the 'hole purrary from one eend ter tuther, an' 'twus a monstr'us purty site. The high ridge on the furder side stretch'd cleen 'crost, a formin' a backgroun' ter the land thet wus a rollin' like cleen over ter the Post Oke Flat side, whar 'twus middlin' level. An' thar wus the rode a windin' an' a windin', sometimes los' ter v'ew an' then a comin' inter site agin; two narrer paths wi' a littel green strip in the middel, whar the new grass hed com' up, gwine over an' 'roun' one littel hill arter 'nuther, an' then a long strate peece a sorter bridgin' the hills tergether. Es we druv on we com' ter plenty o' yaller willers a growin' 'long the branches, but never seed no uther trees ontell we com' ter a lone sicamore, 'bout a mile frum the Ridge by the side o' the rode clost ter a cl'ar littel spring whar movers allus 'peer'd ter stop, a jedgin' frum the litter scatter'd 'roun'. 'Twus a gittin' on inter the arternoon when we reech'd this 'ere plaice, but father onhitch'd his critters an' fed 'em an' mother peec'd out all the odds an' eends o' purvishuns she hed left an' giv' us a tol'ble meal. An' then we pack'd up an' started on agin, a hopin' ter fin' fokes wi' vittals ter spar' an' a rufe ter shelter us fur the nite.

V.

MIS' GRIGS'ES.

A pushin' on we com' arter while ter a corn fiel' extendin' inter the aidge o' the purrary an' a follerin' the rode thet led 'long the left side o' the rale fence we passed thru a fine growth o' timber an' out inter a clarin' on top o' the Ridge, whar in a lookin' back a body cud see the hole purrary cleen ter Post Oke Flat. In the upper eend o' the corn fiel' thar wus a peech orchard, in full bloom, an' two log cabins 'bout twenty foot apart, an' a big smokehouse wi' the rufe a perjectin' out in front an' a formin' a shed, an' onder the shed a lot o' geerin' an' things wus a hangin' an' on one side o' the smokehouse thar wus a dubbel row o' beegums an' on tuther'n a rite smart o' koon an' deer skins wus naled up, but non' on the cabins. In frunt o' the bildin's the fence wus stake an' rider'd an' thar wus a neet pa'r o' bars, an' purty neer 'em a big waterin' troft' made outen a enormus log hew'd monstr'us wide an' deep, an' a long line o' littel trofts jined tergether brung the water frum a spring back o' the houses. An' crost the rode wus a good size log stabel an' crib wi' a shed twixt 'em surround' by a high fence wi' bars an' in the r'ar a pastur full o' trees.

Es we druv up we seed a monstr'us ple'sant lookin' wummin a warpin' a peece o' cloth agin the oldes' cabin, whar she'd sot up her warpin' bars, an' two peert lookin fellers, narry one much bigger'n me, a rakin' up the dry leeves an' chips in the yard inter littel heeps fur burnin'. When they seed we wus a gwine ter halt, the boys kotch ther dogs an' shot' em up in the smokehouse an' the wummin le' down one o' the bars an' a creepin' thru com' a smilin' out ter us an' shuk han's all roun' es fr'en'ly es ef she'd know'd us all our lives an' bin expectin' us a month.

Father ax'd ef she wus the Widder Grigs an' she sed "Yes" an' then he ax'd ef we cud git ter stay all nite, an' she sed we wus a thousan' times welcom' an' ter unlode sich things es we'd need over Sundy an' then fur father ter drive crost the rode onder the shed an' her boys ud help him ter git feed fur his critters. While mother wus a rumagin' thru the waggin ter fin' ever'thing she wanted, Mis' Grigs kep' up her talk wi' father, a tellin' him her an' the boys wus a livin thar 'thout no man person nur nuthin' roun', wi' no comp'ny but the dogs, an' wus allus monstr'us glad ter see movers com' 'long. She sed she hed twin brothers settel'd a peece back in the timber, but not neerd nuff ter be no purtecshun ter her an' the boys ef they needed it, whech she low'd they didn't, kase the dogs wus so monstr'us feerce o' nites, but sometimes 'twus lonesom' like an' allus a treet ter see fokes. Then father not ter be outdid tole his name an' whar he com' frum, an' giv' a rite smart o' uther infurmashun 'bout hisself, an' by thet ar time mother'd got all her traps hunted up an' Mis' Grigs tuk holt an' help'd us ter pack 'em inter the newes' cabin. The fust thing thet kotch my eye, es we passed thru the open dore, wus the tea-kittel a hangin' frum a big iern hook fasten'd onter a high wooden crane, an' a bilin' over inter the fire. Mis' Grigs ax'd mother ter se' down an' then, arter a shovin' the tea-kittel back, went out an' tuk her warpin' offen the bars an' hung it in the smokehouse an' com' back wi' a big wooden tray full o' corn meal an' a side o' bakin an' sot 'em onter the table, an' then sharpen'd up a butcher knife on one o' the jam's. Arter a gittin a good aidge onter the blade, she turn'd roun' ter mother an' tole her she wus monstr'us sorry thet she hedn't a grane o' coffee in the house; thet 'bout two weeks afore a sick nabur a livin' back in the timber hed sent over an borry'd her cleen out, an' thet she'd hed ter substitoot home-made drinks ontell her brothers cud git time ter go off ter a littel store et "The Forks" wi' ther prodjuce an' hern an' buy coffee an' things. She sed thet ar a bilin' in the tea-kittel wus red sarsifack root tea thet she used turn 'bout wi' sage tea, herself, but kep' the boys on the sarsifack altergether, kase 'twus sich a monstr'us good thing fur chillern in the spring o' the ye'r ter bring out enny sorter 'umors thet mout be a hangin' 'roun 'em. She sed som' fokes giv' brimstone but her boys cudn't stummick it, an' peer'd like a pitty ter giv' truck thet went agin the grane when thar wus somethin' else thet ud do the work jis es well, an' thet she'd observed y'ung uns ud take holt o' mos' ennything thet wus giv' 'em es vittals an' thet red sarsifack tea fix'd up wi' milk an' sweetnin' wusn't a drink ter be grin'd et by nobody. Then she pinted et our two littelst an' sed they look'd sorter puny, an' peeked like an' she hedn't no dou't whatsomdever, thet the tea ud bring 'em out monstr'us peert in less'n no time. Mother 'low'd she was rite an' thet her bigger boys ud relish the tea monstr'us well two, thet I wus glad ter heer mother say, kase thar wus a good sorter odure a comin' frum the spout o' the tea-kittel an' a fillin' the room.

Then mother brung a big sack o' parch'd coffee an' nuther o' shugger an' laid 'em onter the tabel an' tole Mis' Grigs ter help herself, an' Mis' Grigs 'peer'd monstr'us tickeled an' sed they'd splice an' hev a tip top supper; thet she hed plenty o' aigs an' meal an bakin. Then mother roll'd up her sleeves ter help wi' the cookin' an' kotch up the butcher knife an' a whackin' inter the bakin sed she hed a long handel'd fryin' pan an' ud cook the meat. When she'd got the fust slices on ter fryin' she filled up Mis' Grigs'es mill an' sot me ter grindin' coffee, an' then went an' turn'd the bakin thet wus a sizzlin' an' a brownin' over the hot fire. Mis' Grigs wusn't behin' han' wi' her part, nuther, a mixin' the meal wi' milk an' aigs an' a heetin' up her skillet an' ourn on red hot coles, an' a meltin' lard in 'em she turn'd it bilin' hot inter the tray an' a givin' the dough a quick stir pour'd it inter the skillets an' kivered 'em wi' the leds thet hed bin on the fire, an' putt big shuvels o' coles on top o' them.

Then Mis' Grigs wash'd out her bre'd tray an' hung it up outside the dore, an' a takin' the coffee pot offen a peg onder the dresser, she putt the coffee I'd groun' inter it an' broke a hole aig, shell an' all in, an' arter a shakin' an' a mixin' it well wi' the coffee, she pour'd the pot full o bilin' water an' sot it onter a pile o' hot coles; an' then she drug the tabel inter the middel o' the flore an' sot it wi' her blue aidged plates an' ourn thet match'd pine blank.

Mother she went on a fryin' meet, a pilin' up one panfull onter nuther in layers, sorter crossways, on a big deesh 'fore the fire, ontell 't peer'd es ef she'd cook'd nuff fur half a dozen fam'lys es big es ourn an' Mis' Grigs'es putt tergether. When the las' slice wus don' brown she tuk it up an' pored inter the hot fat a mixter o' aigs an' milk thet sizz'd an' sputter'd an' wus shuk roun' an' then turn'd out inter a big yaller bole, sich gravy I've never seed the beet uv ter this 'ere vary day *nowhars*. Then Mis' Grigs tuk the hooks an' swung up the skillet leds an' turn'd the ashes off an' sot 'em agin one of the jams ter cool, an' then she run a knife roun' the bre'd an' lifted it out, brown an' steemin' hot, onter two plates an' sot 'em on the tabel 'long side o' the gravy bole. Then mother putt the big meet deesh in the center, an' Mis' Grigs sot the coffee pot on Mother's side o' the tabel an' a big pitcher o' red sarsifack tea on hern, an' by this 'ere time father an' Mis' Grigs'es boys hed com' in an' all han's wus ax'd ter "set up ter supper," the big uns a occerpyin' chers an' the littelest uns a standin' ter bring therselves up ter a level wi' the tabel. When all wus in ther plaices, Mis' Grigs drop'd her he'd an' ax'd a blessin' an' when father jined in on the "Amen" she 'peer'd monstr'us well pleesed an' sed she'd bin on the pint o' callin' on him ter ax the blessin' hisself, but a havin' bin refused so offen, an' sometimes in a sorter disrespec'ful way, she'd got ter beein' keerful wi' strangers ontell she know'd, fur certing, which side they wus on. Mis' Grigs wus a cuttin' the bre'd while a talkin' an' the meet deesh wus a surculatin' roun' the tabel foller'd clost by the gravy bole, the red sarsifack tea an' the coffee a bringin' up the r'ar, no time a bein' lost, an' when ever'body wus sattusfide a cleen sweep hed bin made o' the las' blessed thing Mis' Grigs an' mother'd cook'd. Arter supper me an' Mis' Grigs'es Dave an' Nate tuk a walk roun' the yard. The whupperwills wus a hollerin' s'rill 'nuff ter split ther throtes an' thar wus a smell o' burnin' chips, the smoke a makin' the a'r hazy an' a big ring wi' fore stars inside surcel'd roun' the moon, thet Nate sed show'd thar'd be fallin' wether in fore days shore—onless the sine failed.

'Bout then thar wus a gin'ral dog fite over the cole water corn dodgers Mis' Grigs hed cook'd an' throw'd out. Our ole liver color'd houn' "True" an' Mis' Grigs'es black an' tan "Sound" they he'ded the scrimmage, narry one a givin' in ontell we'd mos' broke ther he'ds wi' the cloes paddels, an' arter thet ar nite these two dogs wus allus monstr'us good fr'ens. Our ole "True" he got his name fur allus a bein' *ded shore* 'fore a startin' on a trale, sometimes a sniffin' an' a huntin' roun' ontell tuther dogs wus ha'f a mile off 'fore a startin' hisself, but they wus gin'rally on the tract o' somethin' not wuth follerin', but when "True" giv' his deep yelp an' started a body know'd thar wus game ahe'd, an purty soon tuther dogs hed ter sneek back an' set out ag'in behin' him. Mis' Grigs'es boys sed the way the'r dog got his name wus kase he allus *sounded* the alarm when wile varmints com' roun' o' nites arter the chickens an' they allus bedded him onder the hen-house, an' onct he got inter a tussel wi' a wile cat an' hel' on ontell Dave brung his gun an' shot it. By the time we'd got the dogs sorter riconciled ter eatin' ther corn dodger tergether in peece, Jim wus sent out ter fotch us ter prayers. When we went in' an' all wus seeted, Mis' Grigs ax'd father ter leed, an' he got up an' a facin' roun' hel' onter the back o' his cher wi' one han' ter sorter stiddy hisself, an' giv' out a him an' pitch'd it an' Mis' Grigs an' mother jined in, an' when they'd sung it thru we all knelt down an' father started out on his prayer. 'Fore he got well onder way I know'd he'd bin tuk holt uv, kase he putt in sich a power o' new words. Dunno es I orter call 'em new words, nuther, a seein' he'd bin a usin' uv' 'em off an' on ever' sense I cud fust ricollec'; but, them ar words wusn't never putt inter no ever'day purtishuns, but jis sorter saved up fur onooshal occashuns. An' when father started out wi', "Frum everlastin' ter everlastin'" I know'd 'tud be long, an' ever' blessed word boun' ter com', an' a bein' tired, I jis settled down onter one foot still an' patien' like, a knowin' father wus monstr'us thankful thet our j'urney'd eended et sich a good plaice, an' wus a doin' his level best ter show his gratitood. 'Fore father'd pray'd ten words, I seed Jim prick up his yers an' lis'en, then 'peerin' ter a made up his min' how 'twus a gwine, he kotch up Mis' Grigs'es cat an' went ter a foolin' wi' it ter kill time. But father, bleevin' in watchin' es well es prayin', was on the lookout an' a reechin' over he giv' Jim a sudding cuff on the yer thet made him drap the cat es ef't hed bin a hot tater, an' a gwine strate on 'thout no brake in what he'd started out ter say frum beginnin' ter eend. That nite beds wus made on the flore for us boys an' all han's slep' in the new cabin. Father's he'd didn't 'peer ter more'n a totch the piller 'fore thar wus onmistakeable sines o' his bein' oblivu'os ter all his trubbels, but Mis' Grigs an' mother kep' up ther talk the bigges' eend o' the nite, ur I dremp they did, fur es I drap'd off they wus a gwine on an' when I woke up in the gray o' the mornin' they 'peer'd ter a jis got onder he'dway.

VI.

THE FUST SUNDY.

Nex' mornin' wus a Sundy an' all Natur' 'peer'd ter know it; the sun a shinin' warm an' brite an' the timber decurated wi' red buds an' white plum blossoms an' pail green mapel tossels; the okes an' hickrys formin' a backgroun' o' naked trunks an' lim's. An' the birds they wus a cherrupin' an' a warblin' an' the hens a scratchin' an' a singin' roun' the yard an' the roosters a steppin' high, a clappin' uv ther wings an' a utterin' s'rill crows when they cudn't hole in no longer.

Feedin' an' milkin' wus don' arly an' the cows bell'd an' turn'd onter the purrary an' the critters let out inter the stabel lot whar they caper'd an' pranc'd monstr'us lively wi' ther freedom. A fire'd bin bilt in the ole cabin an' som' o' our things tuk in thar an' mother she muster'd us all up ter have our good cloes on, kase 'tud bin laid off ter hev meetin'. Mis' Grigs tole us thet gin'rally her brothers' fokes, the Jones'es, com' an' help'd hev meetin' but this 'ere Sundy they wus a gwine a long ways off ter the Frisby settelmunt, whar Mis' Tim Jones'es kin lived.

Arter mother'd got us all well scrub'd an' our he'ds com'd she putt on her bes' an' father he rig'd hisself up oncommon fine in his blue Kaintucky jeans an' then we all filed inter Mis' Grigs'es pine blank like we wus a gwine ter a rale, shore nuff meetin'. Mis' Grigs an' her boys wus dress'd up two an' her jis a tyin' uv a white cap on, an' the chers they wus sot in rows an' peeced out inter benches wi' clabbords. Dave an' Nate look'd solem' an' Mis' Grigs she talk'd low an' made som' observashun 'bout the good wether's not a gwine ter last long es 'twus Aprile. Father wus jis gwine ter ans'er when a monstr'us big flock uv blackbirds lit in a de'd tree clost ter the house an' sot up sich a clatter a body cudn't heer the'r own yers, an' then flew off inter nuther tree in the fiel' a keepin' up the'r noise. Mother sed 'peer'd like them ar birds know'd 'twus a Sundy an' wus a havin' meetin' therselves, and thet she didn't 'low they collect' an' sung tergether thet a way week days. Mis' Grigs sed she used ter hole thet ar pinyun herself, but sense she'd hed time ter observe 'em, an' thet wus when thar'd bin trubbel in the house on' ever'thing wus still, she'd foun' out thet birds allus kep' up ther thankful songs ever'day in the week. Father sed they sot a good exampel ter fokes not ter lay off the'r relig'on week days an' only take it up o' Sundys. Mis' Grigs sed she allus felt monstr'us sorry fur Sundy Christens, kase they didn't hev nuthin ter help 'em over the ruff plaices ever'body wus boun' ter com' crost tuther days.

By this 'ere time all the balance wus in the'r

seets, but Mis' Grigs she stud a reechin' up ter the top shelf o' the dresser, while a talkin', an' then she tuk down a bundel o' somethin' thet she kep' onwindin' an onwindin' ontell, et las', she com' ter a littel ole testamunt mos' reddy ter drap ter peeces, thet she handed ter father an' ax'd ef he cud reed it. Father tuk the book inter his han's monstr'us keerful like an' sed he wusn't no brag reeder o' nuthin', an' them ar' letters wus monstr'us fine, but ef he wusn't push'd fur time he 'low'd he wudn't bawk no grate deel arter a gittin warm'd up an' well onder way. Mis' Grigs sed she wus glad, kase reedin' wus allus a monstr'us help ter meetin' an' thet narry one o' her brothers cudn't reed an' she cudn't putt no words tergether herself, tho' a middlin' good speller' an' her boys scursely know'd one letter frum nuther, but she 'low'd ter hev 'em larnt ef she ever got a chance. A seein' father a fumblin' 'roun' the testamunt 'thout 'peerin' ter a made up his min' whar ter start in, Mis' Grigs tole him ter begin et the plaice whar she'd put in a thre'd o' blue thrums, kase thet ar wus a favoright chapter o' hern. Father open'd the leeves an' then went an' sot on the dore sill ter git ust ter the words 'fore a venturin' on' 'em out loud, an' Mis' Grigs tole mother thet 'bout three ye'r ago som' monstr'us well appeerin' movers com' long wi' a sick chile an' they hed this 'ere littel testamunt an' a big bibel, an' som' o' the fam'ly ust ter reed out'n one ur tuther uv 'em ever'day, an' them a seein' she allus hurri'd thru her work an' got her knittin' an' sot down ter lis'n an' tuk sich grate sattusfacshun a heerin' 'em, when they got reddy ter leeve they giv' her the testamunt, ter keep, an' it hed bin a monstr'us site o' comfurt ter her an' the boys, kase scursely a month hed pass'd over ther he'ds, onless 'twus in the de'd o' winter, thet somebody hedn't happen'd 'long thet wus abel ter reed it fur 'em. An' she sed when the stormy wether sot in an' the days wus dark an' gloomy an' the nites long an' lonesom' thet somehow she'd felt better an' safeter ever' sense the good book hed bin in her house. 'Bout then father 'peer'd ter hev a site o' bother wi' a hard name thet he kep' a purnouncin' out loud ter sorter git the hang, but no way didn't soot him, an' Mis' Grigs, thet know'd the hole chapter cleen by hart, tole him ter call it "Orkillus" an' pass on ter the nex', kase thet ar' un hed somethin' in it thet wus monstr'us puzzlin' an' hard ter onderstan'. Then father re'd on ter whar it sez: "Bring forth ther'fore frootsmeet fur repentence," when Mis' Grigs stop'd him an' sed 'twus "frootsmeet" thet bother'd her an' nobody she'd ever ax'd 'peer'd ter be enny cl'arer on its meenin' then she wus herself. Som' hel' thet 'twus sorter 'twix' an' 'tween "froot" an' meet an' grow'd on trees in furrin parts, but how 'twus ter be "brung fur repentence" wus beyant 'em all. Father 'low'd mebbe 'twus one o' them ar misteries o' Scripter thet nobody orter pry inter, an' jis then our Jim thed hed sot thar a lookin' fust et father an' then et Mis' Grigs he fell ter a cogitatin' an' hollers out: "Mebbe 'taint nuthin but a big, made-up story like the flitter trees!" The words wusn't more'n outen his mouth 'fore father'd collar'd an' led him outen the house ter be furder de'lt wi', but Mis' Grigs foller'd, an' I heern her a pleedin' wi' father ter let him off this 'ere time an' she'd go his scoority thet he wudn't do sich a thing agin an' thet she didn't bleeve a boy o' Jim's age ud know nuff ter make lite o' Scripter nohow. Father sed he'd larn him ter keep still when older fokes wus a talkin', but when Mis' Grigs hed argyfied a littel longer he brung Jim back inter the house an' sot him off in a korner ter reflec'.

Arter this 'ere wus settel'd father finished reedin' the chapter 'thout no furder comment frum nobody, an' then he giv' out a him an' they sung it an' *he* pray'd. Then they sung agin' an' father ax'd Mis' Grigs ter pray an' she sot out on the ilokentest purtishun I've ever heern 'fore ur sense, 'peerin' ter reech cleen up inter the Hevings wi' praise an' thanksgivin', an' then a supplicatin' fur the Christen fam'ly thet the Lord hed sent onder her rufe, thet they mout be g'ided in all ther gwines out an' comin's in an' leed sich faithful an' useful lives on 'arth thet ever'day ud bring us neerder the good worl' ontell, et las', its gates wus open'd an' we all enter'd a united fam'ly inter our etarnal rest, her thrillin' voice a pleedin' an' her face a shinin' es ef she'd kotch a glimpse o' the good worl' herself. Father's amens got louder an' louder ontell she woun' up her prayer an' when we all riz I seed mother a wipin' her eyes on her apurn.

VII.

THE JONES'ES.

Brite an' 'arly a Monday mornın' the Jones'es they all com' over ter Mis' Grigs'es, the wimmin an' chillern a ridin' in a big ox waggin an' the'r men fokes a walkin'. Ben Jones he druv the oxens, a jeein' an' a hawin' uv 'em roun', a crackin' his long whop an' a managin' the three yoke better'n mos' men cud a managed one, an' Tim Jones wi' his musket on his sho'lder an' a big pack o' houn's et his heels, he brung up the r'ar es a sorter body gyard ter the balence o' the crowd. Thar wus a monstr'us site o' littel uns in the waggin, an' when it stop'd they swarm'd out over the hinegate an' foregate an' som' tangled therselves up in the wheels an' tuther'ns landed onder the cattels huffs, b'arly a bein' fish'd out 'fore they wus tramp'd on.

Mis' Ben Jones, a monstr'us long, slim wummin, yaller complect an' a warrin a cop'ras an' white striped dress thet made her look longer, she step'd over the side o' the waggin, a reechin' the groun' 'thout no trubbel, but Mis' Tim, a bein' low an' chunky like, she crawled out onter the tung an' wa'ted ontell her ole man com' an' lifted her down. All the chillern favor'd monstr'us, kase the men fokes wus twins, Elick an' Peggy Jane, Ben's two oldes', an' Tim's Tobe an' Sally Ann a bein' mos' pine blank alike in looks, an' littler uns, on both sides, a parrin' off in steps cleen down ter two baby cuzzins, es much alike es two black eyed peese, both wi' ther mouths wide open a yellin' fit ter kill. The men fokes wus on ther way ter "The Forks" store wi' the'r projuce' an' arter Mis' Grigs hed made 'em 'quainted wi' father they ax'd him ter take his gun an' go 'long. Father jump'd et the invite, a bein' monstr'us anxyus ter see more o' the kuntry, an' when Mis' Grigs'es truck wus loded up him an' Tim Jones clum inter the waggin an' Ben swung his big whop 'roun the oxens. an' purty soon we los' site uv 'em all in the timber.

Arter we'd seed the men fokes off, me an' our Jim an' the Jones boys made up tergether an' Peggy Jane an' Sally Ann they com' an' hung roun' rite smart two, a spilin' my enjoymunt, kase I never tuk ter gals non',—ontell I sorter agged Jim on ter tole 'em off ter the bars an' entertane 'em wi' his antiks an' munky shines, him a bein' monstr'us activ', abel ter stan' on his he'd an' walk on his han's an' hang frum a top bar wi' his heels in the a'r ontell 'peer'd es ef the blood ud bust cleen outen his face. Tobe Jones wus the funnyist boy I'd ever seed, jis a brimmin' over wi' quar jokes an' monstr'us good natur'd, an' Elick wus a jam up feller, too. We play'd roun' ontell dinner time an' arter the deeshes wus washed I seed Mis'

Grigs an' Mis' Tim Jones go inter the smokehouse whar the loom wus sot up, ter putt in the peece o' cloth Mis' Grigs hed warp'd thet I heern 'em say Mis' Tim hed gon' havers on, a havin' spun som' o' the warp an' her sheer o' the fillin'.

When Mis' Ben Jones know'd by the loud squeekin' o' the smokehouse door thet the two wimmin wus outen heerin', she imbraced the oppertunity ter giv' mother a skech o' the fam'ly his'try, an' ter hev a good smoke et the same time. Mother'd jis called out fur me ur Jim ter com' an' hole a hank o' yarn she wus a gwine ter wine, an' 'bout then the Jones gals a gitten ruther two fr'en'ly ter soot me, I turn'd 'em over ter Jim agin an' went in musself, an' heern ever' word. Mis' Ben hauled her cheer up inter a corner o' the big fireplace an' a windin' her skeerts 'roun' her ankels an' a tuckin' 'em in ter keep 'em outen the ashes she lit her cob pipe, an' a bendin' over wi' both elbows on her knees, puffed an' whiff'd ontell the hole chimbly 'peer'd ter be a fire. Then a takin' the pipe outen her mouth she ax'd mother ef she smoked, an' mother a sayin' she'd never larnt, Mis' Ben 'low'd she missed a site o' comfurt an' sed, " Ferreby Grigs didn't smoke nuther, never 'peerin' ter hev no time, but *she'd* foun' out fokes cud do a heep o' things ef they'd only *take* the time, thet she'd larnt ter smoke a litin' pipes fur her A'nt Flint, when she wus a chile, an' sense she'd got ust ter smokin she'd be monstr'us lost 'thout her pipe, thet 'twus her comp'ny when she got lonesom', an' ef things wus a gwine on in the settelmunt thet bother'd her an' she cudn't fin' no way ter straten 'em out an' wus kep' awake o' nites a thinkin' 'em over, she allus roll'd outen bed an' rous'd up the fire an' sot down an' lit her pipe an' smoked an' study'd an' study'd an' smoked, ontell she seed daylite a comin' in et the top o' the chimbly, an' by thet ar time she'd lit on a plan thet allus work'd, in nine cases outen ten.

By this 'ere time the smoke hed cl'ar'd up an' Mis' Ben tuk nuther turn wi' her pipe an' then continood her narratin'. She sed this 'ere wus a monstr'us cur'os settelmunt, thet thar wusn't menny fokes in it but 'peer'd like they all hed ther ways, an' 'cordin' ter *her* noshun the cur'osest uv 'em all an' the one most *sot* in her ways wus Ferreby Grigs. Then she ax'd mother ef Mis' Grigs hed ever tole her she hed two ole men, an' mother sed " no " an' thet she 'low'd Mis' Grigs wus a widder, an' Mis' Ben sed she recon'd she wus *now*, both o' her ole men a bein' de'd, but she'd *hed* 'em; an' thet 'twus jis like her never ter a tole mother nuthin' 'bout herself, allus a keepin' shot up like a snail in its shell, an' never a pokin' her he'd out ter take no intrust in the settelmunt defrences nuther.

Then Mis' Ben sot up an' went on glibber'n ever, sez she: " Ransom Brown he wus Feb's fust an' the Injuns *they* kill'd him when he'd ventur'd off on a hunt by hisself. Me an' Ben we wus a livin' wi' 'em on this 'ere plaice an' Tim's they wus in the Brown's ole cabin down in Papaw Holler. An' not more'n five ye'r arter this 'ere happen'd, an' Feb 'peerin' ter be cleen hart broke, Josh Grigs he com' 'long an' putt up wi' us over nite an' nex' day started on, but 'twusn't more'n two weeks 'fore he wus back agin an' kep' a hangin' 'roun' an' a *hangin*' 'roun', nobody a knowin' what fur, ontell I tuk it inter my he'd an' tole tuther'ns he wus a hankerin' ter step inter Ransom Brown's shoes an' git the farm, thet turn'd out ter be the case. They wus marri'd the nex' spring, tho' nobody'd a thot it o' Feb her ole man a bein' tuk off in thet ar suddent an' onnateral sort o' way. Our new plaice wus all reddy an' a watin' fur us an' we moved out an' left 'em. I wus munstr'us sot agin the match an' sed ever'thing I cud ter agg Ben an' Tim inter oppersishun, but they stuck tergether an' hel' up fur Feb's a sootin' herself in spite o' all I cud argy an' Tim's wife mum, never a darin' ter say her sole's her own onder no sarcumstance, whatsomdever, thet's a monstr'us pitty fur enny wummin' an' ull spile the best man thet ever draw'd the breth o' life, *shore!* I tuk Ben in han' purty soon arter we wus marrid an' thot I'd settled him fur good, an' when he sided wi' Tim agin me, 'bout Feb's marryin', I scursely know'd him. When I tole him Feb wus jis a takin' this 'ere step ter aggervate me an' git us outen her house, he actooally sed I'd bin a flingin' out the broades' kin' o' hints 'bout a bein' hel' like pris'ners agin our will an' kep frum a movin' onter our own plaice, an' all sich stuff, that I never sed onless monstr'us purvoked, an' es I'd cleen forgot it musself, Ben'd no bizness a remembrin' uv it an' a flingin' it up agin me. An' he sed mus' 'peer ter Feb mos' like a gittin uv her fust ole man back agin, this 'ere un a favorin' uv him so much in looks, an' a havin' sich a peeceable dispersishun too, an' thet he reconed ef *he* wus ter be tuk, 'twudn't be long 'fore I'd be a lookin' roun' *musself.* Thet ar las' totch me up more'n all the balence, kase he'd bin my pick when I cud a hed arry one o' the twins, an' I sez: 'Ben Jones, ye ken hole yer jaw, *now*, kase ever'body knows them thet ken be well spar'd aint never tuk, an' thet ar a bein' the case, ther aint no danger o' my havin' a *chance* ter look roun'.' Thet ar shot him up fur good an' I never heern him tetch on the subjec' agin. The twins is older'n Ferreby Grigs!" sez she, "an' wus a livin' wi' her an' Ransom Brown down in Papaw Holler when I com' out here frum Tennessy wi' A'nt Flint's fokes an' marri'd Ben. Gals wus scurse es hen's teeth on the fronteer, then, an' both the boys sot up ter me frum the fust an' it tuk me more'n a week ter make up my min' an' giv' in fur Ben! Recon ef I'd a foun' out," sez she, " thet he'd bin a 'tisicky boy, it mout a made a def'rence, but mebbe 'twus jis as well, Tim a bein' sorter spunky I mout a had more trubbel a brakin' him in an' a managin' him *arterwurds* an' Ben he's giner'ly dosile. But when our weddin' wus a gwine on I'd a bin glad ter a hed him show a littel sperrit, kase he tuk sich a skeer frum what the preecher se'd when we wus up on the flore, 'peer'd like he'd a back'd cleen out then, ef he cud, but I was a clinchin' him tite by the arm an' all the settlers fur an' nigh wus thar ter see us jined, a standin' roun' an' a blockin' up the dore, so's he cudn't a run ef he'd a tride. 'Twus ole man Wooley thet marri'd us, an' he sot in an' preeched us a sarmint long nuff fur purtracted meetin' 'fore a startin' in on the reg'lar suremony, a sayin' 'twus a monstr'us ser'os an' solem' thing fur fokes ter be tied up tergether fur life an orter be well kunsider'd, a gwine on ontell Ben wus es white es a sheet an' all uv a trimbel. I wus es mad es a hornet, musself, an' wanted ter tell the ole man 'twus high time he shot up, kase ef we *hedn't* thot all them things over afore, 'twusn't no time ter reflec' then, wi' the weddin' cake baked an' fokes ax'd an' a watin' 'roun' ter help eat it. Arterwurds, when I got a chance, I tole Ben not ter take what the preecher sed ter hart non', kase 'twusn't ment fur us, nohow, but fur tuther'ns thet mout be a contemplatin' uv this 'ere step fur therselves, sorter arter the pattern uv a funeral sarmint thet aint no 'arthly use ter the one it's a bein' preeched over, but a monstr'us solem' warnin' ter them thet's a heerin' uv it. Tim he never skeer'd non' nur tuk no sort o' warnin' but a feelin' monstr'us lonesom' arter Ben wus outen the way, he went ter the river settel-munt an' married Suffire Frisby in less'n a month.

Es I wus a sayin'," sez Mis' Ben, "arter Feb tuk it inter her he'd ter have nuther ole man, we moved onter our own plaice. Her a bein' so still mouth'd 'twus hard fur mos' fokes ter tell how it turn'd out, but 'twus plain nuff ter me thet 'twusn't no brag match. Grigs wus well nuff *hisself*, a puttin' up this 'ere house an' good ter the boys, but Feb—she s cur'os! Thar's no denyin' thet she tuk on es much es cud hev' bin expected when Grigs wus tuk off two ye'r ago nex' fall' wi' pided fever an' a quack doctor thet happen'd 'long an' kuntriv'd ter git holt o' the case, but a body can't allus jedge frum 'peerances, an' Feb—she's monstr'us cur'os!"

This 'ere wus 'bout the drift o' what Mis' Ben sed, mother a havin' a site o' trubbel wi' her hank, thet 'peer'd ter take sudding spells o' bein' snarly. 'Twus a releef ter heer Ben Jones a hollerin' et his oxens an' a crackin' his whop in the distans, an' ter see the dogs thet foller'd the waggin com' a pantin' roun' the dore wi' ther red tungs a lollin' outen ther mouths. Mis' Ben knock'd the ashes outen her pipe an' Mis' Tim com' frum the smokehouse an' they jined tergether an' hunted up the chillern an' sorted 'em out an' lo'ded 'em inter the waggin, then Ben swung his whop roun' agin, an' druv 'em off home.

VIII.

OUR FUST YER IN THE NEW KUNTRY.

Father's trip jis sot him up wi' the new kuntry. He 'low'd he'd lit on the rite settelmunt et las' an' made a contrac' wi' Mis' Grigs ter work her farm on the sheers fur thet seeson, wi' her boys' help, an' then look 'roun' fur a plaice ter lay his clame. Our fokes wus ter live in the ole cabin, an' Ben Jones a bein' handy wi' tools father got him ter make us a trunnel bed an' a clabbord tabel, a cuppel o' short benches an' som' shelves. Thar wus two good bunks alreddy made in the cabin an' these hed bords crost 'em fur beds, an' wi' the chers an' things we'd brung we wus monstr'us comfurtabel. Father an' Dave plow'd an' laid off the groun' an' me an' Nate drap'd corn an' they kiver'd it wi' ther hose. Then they planted otes an' littel patches o' cotton an' terbacker. An' Mis' Grigs an' mother they went inter partnership an' hed 'em a gyarden fur taters an' cabbage an' a lot o' tuther truck, an' both turn'd out ter be monstr'us han's fur posys. Mother'd brung a lot o' new seeds wi' her an' Mis' Grigs hed saved up som' o' purty by nites an' mornin' glories an' tetch-me nots, an' soon the whole frunt yard 'peer'd ter be a blossomin'. An mother she larnt all sorts o' pineer ways frum Mis' Grigs, how ter plat straw fur our hats, an' how ter sew 'em an' ter make our winter caps outen koonskins, but the tales wus allus cut offen ourn, so's we wudn't hev no wile varminty sort o' look when we wore 'em, like the Post Oke Flatters.

An' Mis' Grigs she show'd father how ter make a gritter by a flattnin' out the bottum uv a big, tin pan an' a punchin' uv it chuk full o' holes wi' an' aul an' a bulgin' uv it up in the middel an' a na'lin' the sides ter a bord wi' the ruffness on top. An' then we wus fix'd fur a mannerfacturin' uv our own bredstuff when Jurdan's water mill wusn't a runnin', ur the branches up wi' a freshet so's fokes cudn't reech it. An' when corn got two hard ter grit we'd bile it saft nuff an' the meel wus monstr'us sweet an' good. Gritters wusn't no joke ter opurate, a develupin' the mussels ter thet ar extent som' got ter callin' 'em "Armstrong's Mills." But the teejusest thing Mis' Grigs larnt us wus ter rub fine meel thru a monstr'us coarse cloth ter make flour. Thet ar prosess wus call'd "sarchin'" an' it tuk ever' abelbodied purson in Mis' Grigs'es fam'ly an' ourn a hole Satturday arternoon ter s'arch nuff ter make a Sundy's meel o' biskits.

Them times fokes wus monstr'us naburly an' willin' ter devide ur lend an' thar wus a rite smart o' borryin' thet wusn't no harm, only som' forgot ter pay back. Mis' Ben Jones wus ruther slow a retarnin' an' allus skimped the mesure an' utherns wus middlin' keerless too, but the beetinest han's ter borry an' never pay back wus the Flints, Mis' Ben's kin thet brung her out frum Tennysy an' wus setteled a littel peece back uv the Jones'es in the timber. Arter ther own meel giv' out they borry'd roun' the settelmunt es long es ennybody hed a dust left 'fore a gwine ter mill ur a startin' up the'r gritter. An' ef 'twusn't meel they wus a borryin' 'twus coffee, ur somethin' else. I don' 'low ole Mis' Flint ever went ter see non' o' the nabers 'thout a empty sack wi' her thet she allus tuk home full o' som'thin' she'd borry'd. An' es fur a lendin' ur a payin' back, the Flints never 'peer'd ter hev nuthin' ter spar', jis a livin' frum han' ter mouth wi' not more'n a meel's vittals ahe'd.

Father's gun kep' our fokes an' Mis' Grigs'es in fresh meet. The woods wus full o' deer an' wile turkeys an' the trees alive wi' squirls. An' ef we wanted hunny thar wus plenty o' bee trees esy ter find, but Mis' Grigs wusn't willin' ter hev father go ter the trubble o' huntin' wile hunny, a sayin' she hed more'n her own fam'ly cud use an' thet a site o' new swarms wus a comin' in thicker'n she wanted. An' a speekin' o' bees, 'twus cur'os how Mis' Grigs cud hannel 'em. I heern her say she wus never stung by a bee in her life, an' I've seed hunderds a swarmin' all over her face an' b'ar arms. But us tutherns allus hed ter keep our distan's when she wus a robbin' a gum, an' som'times got stung *ennyhow*. Arter a findin' out father cud reed, Mis' Grigs she hed meetin's reglar ever' Sundy. Et fust the Jones'es wus the only ones thet com' an' Tim Jones an' Mis' Grigs'es singin' wus monstr'us good. The bigges' Jones chillern they cud pitch an' carry a rite smart o' chunes two, an' fur backwoods meetin' 'thout no preecher these 'ere ud a bin hard ter beet. Arter a heerin' father reed thet nobody orter hide the'r lite onder a bushel, Mis' Grigs giv' the Prigmores, the Brigs'es an' the Flints all a invite ter the meetin's, an' ther hole fam'lys got ter a comin' reglar, an' Ben Jones he made two long punchin benches an' them an' all the chers wus fill'd up an' som' o' the aujenz hed ter set on the beds an' door sills. An' arter meetin' ever'body stayed ter dinner, ever' Sundy, Mis' Grigs an' mother allus a cookin' up plenty a Satturday fur the hole meetin', 'cep' ter bile taters an' make coffee. An' mos' o' the wimmin fokes they rolled up the'r sleeves an' pin'd back the'r skeerts an' help'd set tables an' cl'ar up the deeshes, all but Mis' Ben Jones an' ole Mis' Flint, an' es soon es dinner wus over, they allus went inter our cabin ter hev a privat' talk tergether an' a big smoke. Onct ur twicet a trav'lin' preecher happen'd ter stop over Sundy an' giv' us a sarmint, an' 'fore fhe summer wus eended father went ter the Tomson settelmunt an' tole Joel Tomson, thet wus a locul preecher, what getherin's we hed et Mis' Grigs'es a Sundys an' got him ter com' ever' four weeks reg'lar an' hole meetin'. An' I overheern Mis' Grigs a tellin' him thet she'd allus hoped her house mout com' ter be a preechin' plaice, but 'low'd it never wud a bin ef the Lord hedn't a sent Brother Dean ter bring it 'bout. Arter Joel Tomson got ter a preechin' et Mis' Grigs'es ever'body thet wus purfessers, " brother'd " an' " sister'd " one 'nuther an' it sounded monstr'us fren'ly. Father a bein' one o' them ar sorter men thet watches an' works es well es prays, riz 'fore sun up the ye'r roun' an' allus got a 'arly start, an' he never went on no huntin' trip, nur nuthin' 'thout a keepin' a good lookout fur a peece o' land thet ud soot him ter lay his clame on. By the fust o' July he hed a monstr'us promisin' crap, an' his corn wus all plow'd cleen an' reddy ter be turn'd over ter the sun an' the summer ranes ter grow an' git ripe fur harves' 'thout no furder help frum him. Then ever'day he'd take his gun onter his sho'lder an' whissel up a passel o' the dogs an' start out ter s'arch fur a home, an' 'twusn't long 'fore he stumbled onter es purty a peece o' sile es a crow ever flew over, wi' two never-falin' springs. The land wus sitooated on the Ridge, 'bout three mile east o' Mis' Grigs'es in the aidge o' the purrary. Nex' mornin' he saddel'd up two critters an' flung a ax onter his'n an' tuk mother long ter hev a look et the plaice, an' her a bein' monstr'us well sattisfide father lade his clame on the spot an' split up a few rales an' bilt a pen ter show the land wus purempt.

An' then he sot ter work an' clar'd off the groun' ter bild on an' begun ter git out logs fur his house, a takin' me an' Jim 'long ter pile an' burn bresh an' do uther like chores. An' Ben Jones he com' an' made clabbords fur the rufe an' dore an' help'd haul rock from one o' the branches fur the back an' jams o' the big fireplaice an' fur the hath, an' made punchins fur the flore. By the fust o' October the logs wus reddy an' father giv' a invite ter all the men-fokes o' the settelmunt ter com' ter the housera sin' an' Mis' Grigs an' mother they cook'd up a lot o' purvishuns an' sent 'em over by me an' Dave, an' we made coffee an' sot the tabel on som' bo'rds an' giv' 'em all a big dinner. The men wus in tip top sperrits an' don' a site o' work, besides the ra'sin', not a leevin' ontell long arter sun down, but they hed a full moon ter lite 'em ter ther homes.

'Twusn't long 'fore the house wus reddy ter move inter an' father 'low'd ter git setteled 'bout Crismus, but when he spoke ter Mis' Grigs she brung up so menny good argyments agin his leevin' 'fore spring, 'bout our bein' so fur frum meetin' in cole wether an' his a havin' ter haul his sheer o' the crap over bad rodes an' its a bein' so lonesom' fur mother when she hed ter be housed up, an' a lot more things thet set father ter a studyin' ontell he giv' in an' sed he 'low'd we'd better not brake up ontell winter wus over.

When the wether wusn't too stormy me an' father ust ter go over ter our plaice an' he'd split rales, me a helpin' wi' the wedge, an' then we'd make up a fire in the house an' try the new chimbly while we warmed up our snack. Arter while we foun' the purrary win's so cole an' cuttin', es we wus a gwine an' a comin' thet father blazed a rode roun' thru the timber, whech wus som' better, but a site furder. Father worked et his plaice ontell corn gatherin' time an' arter thet job wus don' an' the las' ye'r flung inter the crib, him an' the Jones'es tuk all ther dogs an' went off on a big hunt, a bringin' back sich lodes o' deer meet an' defrent sorts o' game thar wus plenty fur all the nabers, an' I·'low the Flints hedn't never far'd so well afore in ther lives. An' then father an' Tim Jones they went ter mill an' tuk one o' the Flint boys 'long wi' *his* grist, so's they'd not be no needcessity nur excuse fur nobody ter borry fur a while, an' mos' 'fore we know'd it thar wus Cris'mus.

This 'ere Cris'mus wus a monstr'us white un. It sot in fur ter snow the day afore an' kep' it up the 'hole nite long an' when day broke the big flakes wus still a fallin'. The win' hed blow'd an' sent 'em a driftin' agin fences, an' ole stumps an' logs, ontell the hole face o' the arth 'peer'd ter be made up o' hills an' hollers. But the we'ther didn't keep the Jones'es frum a comin' ter spen' Cris'mus wi' us. They putt ther big waggin bed on top uv a pa'r o' sled runners an' piled in the chillern onter a lot o' hay an' tuck'd 'em up in ole quilts an' blankets. An' when they wus all onloded an' com' inter Mis' Grigs'es an' shuck the snow offen 'em 'an wus warmed up, Mis' Grigs she call'd our fokes in an' hauled out Cris'mus gifts frum onder her two beds fur ever'body thar. Som' hed blue woolen mittens wi' rabbit skin cuffs, an' them wus the ones thet hed ter work outen dores. An' som' hed woolen comfurters an' tuther'ns hoods an' stockin's an' hussifs, an' when these 'ere fa'led, thar wus littel bags o' hick'ry nuts an' hazel nuts, tied up sorter fancy like wi' blue an' red strings. Arter this 'ere, all o' us bigger chillern went off ter set traps fur quale.

The snow wus raked offen a level plaice in one o' the fiel's an' thar we sot our traps, wi' shell corn fur bait, an' in less'n a 'our hed more'n nuff fur two big pot pies, an' then we went back an' arnt our dinners over agin a helpin' ter s'arch flour ter make 'em. The cookin' wus all don' et Mis' Grigs'es fireplaice an' the ole cabin turn'd over ter us yungsters ter play in. An' sich times es we hed, a pilin' wood onter the big fire, a crackin' nuts, a runnin' in an' outen dores, a snowballin' an a makin' snow men, Peggy Jane an' Sally Ann a pitchin' in, pell mell, a hoopin' an' a hollerin' an' a playin' boys' games, whech, et thet time, I kunsider'd onbekommen o' ther sect. An' the gals a overheerin' me ventur' this 'ere 'pinyun ter Nate, an' a seein' my manoovers ter keep outen the'r way, hel' a privat' counsel o' war an' then pounc'd on me, all uv a suddent, an' wi' Jim's help drug me a kickin' an' a flounderin' inter the yard an' flung me inter a big snow drift. But thet wusn't all; a seein' me a comin' out arter 'em wi' a snowball, they attact me agin, a crammin' snow down my back an' a washin' my face inter the bargin. Then I made up wi' 'em, fur the day, an' acnoledged they'd sarved me rite, whech sot 'em ter a gigglin' monstr'us, but they wus good harted gals, an' I never hel' no grudge agin 'em. 'Bout then we wus call'd in ter dinner, the older fokes a hevin' hed theirn an' the tabel resot wi' sich abundence 'peer'd es ef nuthin'd bin totch. Mis' Grigs hed the orderin' o' thet ar dinner an' whendever *she* plan'd the cookin' thar wus allus a plenty an' ter spar'. Es fur our appetights a vale orter be draw'd over 'em on this 'ere occashun, fur I 'low ye cudn't fin' non' like 'em 'mong chillern these 'ere days nowhars, kase the bigges' part o' ther stummicks hes bin spiled wi' dainties.

'Twus pitch dark' fore we riz frum the tabel. Milkin' an' feedin' wus don' an' the wimmin fokes clar'd up the deeshes an' sot the table agin the wall. An' then we all got inter a monstr'us big surcle 'roun' the fire an' a passel o' the grown fokes wus call'd on ter tell Injun an' wile varmint story's. Mus' a bin arter midnite when the las' one wus woun' up. The littelst o' the chillern hed drap'd off one by one an' bin lade crost the beds, an' arter Mis' Grigs hed sot the comp'ny ter singin' an' Tim Jones prayed we siperated fur the nite, som' o' the fokes a gwine wi' us. Mis' Grigs she tride ter lite us ter our cabin, but the win' soon blow'd out her littel lamp. Then she flung her dore wide open an' lent agin it ontell father holler'd back we wus onder shelter, an' then wi' the fire-lite a reflectin' on her face she waved her han' an' holler'd somethin' the win' wudn't let us heer, an' then shot her dore an' the snow out thet wus a driftin' in, an' we shot ourn an' stir'd up the coles on our hath an' piled on wood, ter keep us warm fur the nite, an thet ar wus our fust Cris'mus in the new kuntry.

IX.

OUR FOKES.

When Spring roll'd roun' an' we pack'd up ter move our hole fam'ly wus monstr'us sorry ter leeve Mis' Grigs'es. Father promis'd ter take us all ter meetin' when he cud and Mis' Grigs sed her an' the boys ud be naburly. Et fust thar wus a site ter do on the farm, but by degrees things went smoother ontell our plaice wus one o' the fines' on the Ridge. Mother'd hed a hard time et the start two, kase ever'thing wus so onhandy, but now she'd kotch up wi' her work an' 'peer'd monstr'us cheerful an' happy. Father tride ter keep his word thet he giv' ter her back in Ole Kaintuk, ter make things e'sy, but 'twus beyant him, kase he hedn't no facyulty, whatsomdever, fur a mannerfacturin' littel kontrivances 'bout the house, never a bein' know'd ter ondertake no sort o' chore thout a botchin' the job an' a losin' his temper. He cudn't even make a ashhopper thet didn't leek like a riddel, mother allus a havin' ter take holt an' patch it up herself ter keep the lie frum a wastin' ur bein' thick wi' ashes, an' more'n haf a runnin' out on the groun' wi' all her patchin'. It hurt my feelin's ter see mother a diggin' an' a delvin' et sich a disadvantige an' when I got big nuff ter handel a ax well I sot in an' made her a new ashhopper. The job turn'd out ter be a monstr'us success, an' then I got som' rocks an' fixt a plaice fur the big sope kittel an' bilt a shed over it ter purtec' mother frum the rane, showers a bein' likely ter com' up monstr'us suddent in sope makin' time. An' sich comfurt es mother tuk, arter thet, a settin' by the 'our a bilin' an' a sturrin' an' a makin' the brag sope o' the settelmunt, es I heern Mis' Grigs say herself. Mother tole her ef *'twus*, I desarved all the credit, kase her sope use ter jel' an' when she rub'd it on the cloes 'tud slide off an' sometimes more'n ha'f be foun' lump'd up in the bottom o' the tub arter the washin', but the new sope allus stuck whar 'twus putt, ontell it dissolv'd an' lather'd, a doin' its work monstr'us well.

Father wusn't pleesed wi' my invenshuns, 'peerently afeerd mother'd spile me wi' chores, an' when she tole him how much I wus a helpin' her, he frown'd an' sed he never know'd nobody wi' no sorter gumshun take ter chores. An' onct when somethin' hed gon' 'rong wi' him in the fiel' an' he com' in an' foun' me a fixin' up a three corner'd shelf fur the water bucket, he bust out afful an' tole mother she wus a ruinin' "thet ar boy," thet I wus a gittin' ter be pine blank like a reg'lar, born'd Yankee wi' my tinkerin' an' cooterin' roun' the house. Then mother, thet allus thot a site more o' me then I desarved, she stud up an' anser'd middlin' firm an' detarmin'd, thet ef "Yankees tinker'd an' cooter'd" ter make work com' e'sier fur ther wimmin fokes—es she'd heern they *did*, an' 'thout no purtick'ler harm ter ther own bizness nuther—she'd jis like ter see a passel uv 'em roun' thet ar house, kase it needed 'em *monstr'us*. Mother's spunkin' up so onusooal put father inter a good 'umor, an' a dodgin' off back o' the smokehouse he mos' split his sides a laffin, an' frum thet ar time forrids, he never look'd glum when I wus a workin' fur mother.

But when he sot me a job in the fiel' I tuk holt an' don' it the bes' I know'd how, but thet ar com' monst'rus e'sy an' nateral—me a takin' ter farmin' like a duck ter water. 'Fore I wus more'n knee high ter a goslin', es the ole sayin' is, I cud manage a hoe middlin' well, an' do rite smart o' damage ter weeds, an' when I wus big nuff ter see well over the plow han'les I tuk holt an' 'twusn't no grate time 'fore I cud run es strate a furrer es enny man in the settelmunt. One o' the purties' sites ter me, frum my fust ricollecshun hes allus bin a corn fiel'. I like ter see the littel blades a pushin' outen the groun' an' a growin' broader an' higher ontell the hole green fiel' is a wavin' an' a ruslin' in the win', an' ter watch the silky yers a ripenin' inter corn reddy ter be gether'd inter the waggin an' flung inter the crib. But I wusn't brung up wi' all work an' no play. When I wus ole nuff ter take site on a gun, father larnt me ter shoot an' ever' yer, arter our corn wus plow'd over fur the las' time, me an' him ud saddel up two o' our gentles' critters, thet wusn't 'feerd o' the soun' o' firearms, an' go off for a big hunt an' shoot turn 'bout wi' his gun. 'Twusn't long 'fore I hed sich good luck father traded 'roun' an' got me a flint lock muskit o' my own, thet allus went off well, but wus a trifel onsartin in the r'ar, sometimes a fotchin' *me* down insted o' the game I aim'd et, but thet didn't make no purticklar defrence arter I onct got well ust ter it, an' know'd when ter look out, an' I wus monstr'us proud o' my gun. Yes, me an' father tuk a site o' sattusfacshun tergether in our work an' huntin', a growin' ter be more like cronys o' the same age then parient an' son. Our craps wus giner'ly good, an' arter a few ye'r we hed a rite smart o' stock, but, et fust, the wolves giv' us a site o' trubbel, sometimes a slippin' up in broad daylite an' a carryin' off our pigs an' lam's, ef the dogs wusn't 'roun'. Thar wus plenty o' wile cats an' catamounts, two, but panters wusn't offen seed, nur heern, arter we com' ter the settelmunt. But onct I hed a expeerence wi' one o' these 'ere varmints thet I don't 'low I'll forgit ter my dyin' day. It happen'd in the spring o' the ye'r when we wus a makin' mapel shugger et our camp in the crik bottum 'bout a mile frum the house. Me an' father an' Jim tap'd the trees an' fix'd the trofts fur a ketchin' the sap an' arter thar wus a good supply ter begin wi' we swung our two big kittels onter a pole wi' the eends a restin' on forked sticks druv inter the groun', an' bilt a fire onder 'em an' started up the bilin'. When we got this fur mother com' ever' day an' brung the two littel boys wi' her an' help'd wi' the shugger makin' an' don' our cookin'; but all went home et nite 'cep' me an' father and we tuk turns a watchin' the kittels an' a nappin'. We'd bilt a shed an' raked up dry leeves an' kiver'd 'em wi' ole blankets fur a bed thet wus monstr'us comfurtabel arter a teejus day et the shugger camp. Onct when mother'd bin bizzy wi' the sturrin' off an' granin' nobody 'peer'd ter notis' it a gittin' dark ontell the hole timber wus in gloom. An' then her an' the littel boys hus'led roun' an' started fur home, but father sed they mout git lost in the timber an' he'd pilot 'em thru ter the big rode. Et this me an' Jim sot in an' begged him ter go all the way an' leeve us ter 'ten' the shugger the balence o' the nite. Father fell in wi' the idee et onct, but mother wus monstru'us agin it an' tride ter argy thet Jim cud gide es well es ennybody, but 'twusn't no use, father jis swung his gun onter his sho'lder an' hurried 'em off a tellin' me ter keep a stiddy fire an' he'd be back et daybrake. Our littel ficet thet allus staid wi' me an' father o' nites tride ter foller, but I whis'led him back an' he lay down wi' Jim thet hed stretch'd hisself out on the blankets fur the fust nap. The kittels wus full o' fresh sap, thet I wus ter keep a bilin' an' ter replenish when it got down a littel, so my work wus lite an' I hed plenty o' time ter reflec'.

The nite wus monstr'us still an' lonesom', the only soun' a bein' the cracklin' o' the bresh es I crowded it onter the fire, when, all uv' a suddent, I heern a mournful cry pine blank like a wummin's voice a long ways off an' it flash'd over me thet mother'd started back ter the camp an' got lost in the crik bottum. In a instent I holler'd "Hoopee!" thet loud it rous'd Jim an' woke up all the eechoes in the timber an' mos' sot the ficet frantick. Jim kotch the dog et onct an' muzzled him wi' the blankets an' when tuther soun's died out we lis'en'd an' heern the voice a comin' neerder, an' then I begun ter call "Mother," but the only ans'er wus the same cry o' distres' louder an' not fur off. Then a monstr'us suspishun tuk holt o' me, kase I know'd mother cudn't a made her way thru the onderbresh in thet time an' a ricollectin' what I'd heern frum the ole settlers o' strange voices a tollin' fokes off inter the timber, the cole chills begun ter run down my back an' I call'd ter Jim ter turn the dog loose quick kase thet ar wusn't mother. The ficet started up an' a barkin' monstr'us feerce tore inter the timber, then com' a whinin' back an' woun' hisself up in my heels es ef fur purtecshun an' a lookin' I seed what 'peer'd ter be two balls o' fire a shinin' in the dark not more'n twenty foot off. Me an' Jim kotch up burnin' chunks an' stud reddy fur what mout com' an' holler'd an' sickt the ficet ontell, et las', he tuk kurridge an' started out agin. This 'ere time thar wus a hissin', snarlin' noise, thet sent the dog a yelpin' back an' the nex' instent a monstr'us big pant'er made a spring an 'lit not more'n a yard frum us. Then me an' Jim flung burnin' chunks thet turrifide an' druv him back inter the timber. But 'twusn't long 'fore we seed him com' a crouchin' an' a creepin' forrids like a cat arter a mouse, an' flung live coles an' more burnin' chunks et him, an' the ficet bark'd ontell he crawl'd back outen site agin, an' this wus only the beginnin' o' the contes' thet went on the 'hole nite long. Et fust Jim don' his part well, but toards mornin' tumbeld down onter the blankets an' went soun' 'sleep, a leevin' me ter watch an' fite the pant'er an' keep up the fire 'thout no help. When my strenth 'peer'd ter be mos' gon' I ondertuk ter rouse Jim, but he only riz on his elbow an' giv' me a star', then limber'd hisself up an' drap'd off ter sleep agin. Then I raked the leeves out frum onder him ter make a littel blaze, kase my pile o' wood an' bresh wus a gittin' low an' no uther fitin' mateeral on han'. Et the las' minnit I'd remember'd thet the hot surrup ud a done' a site o' good ef et hed com' ter the wust, kase I cud a dip'd it out wi' the long han'led fryin' pan thet sot thar handy, but in a keepin' up the fire I'd cleen forgot an' raked it frum onder the kittels an' now they wusn't more'n milk warm. The ficet hed bark'd hisself hoarse an' es I hel' the pant'er et bay wi' my las' chunks I almos' made up my min' ter fling musself 'longside o' Jim an' resk the konsekenses; then I look'd up thru the trees an' seed day a brakin' an' a knowin' father'd soon be thar I tuk kurridge an' when the varmint com' a steelin' up agin, I hoop'd an' holler'd an' sickt the ficet an' flung the hot fryin' pan, an' ever' uther movabel utenshil in reech, et him thet started up a thousan' voices ter a anserin' me back in the timber. This woke up Jim an' he planted hisself on a stump an' sot thar 'peerin' ter be a collectin' his tho'ts. The soun's I made enraged the pant'er an' a utterin' mad, peercin', disappinted screems, thet reverburated fur an' nigh, he went off inter the crik bottum.

By this 'ere time 'twus broad daylite an' I heern a muskit go off an' purty soon seed father a comin' up on a de'd run. He'd heern the screems an' fired his gun ter skeer the pant'er an' wus monstr'us feer'd he'd fin' me an' Jim tore ter peeces. When I seed him a comin' an' know'd all danger wus over I flung musself onter the blankets two tired ter open my mouth, but I pinted ter whar the pant'er hed tore up the groun' when it jump'd an' lef' the prints o' its long claws. Father wus fur a startin' in pursoot, but the screems hed died out a fur ways off, an' then I rekiver'd suffishent ter tell all I'd bin thru an' how Jim hed desarted an' left me ter battel singel handed wi' the pant'er. When I'd finish'd my story father wus in a monst'us excitemunt, an' 'peerin' obliged ter do som' activ' work, 'fore a quietin' down, he sot two an' giv' Jim a tremenjus pummelin' thet done me a site o' good.

Our shugger makin wus brung ter a eend the same day an' thet ar wus the las' nite I ever spent in the timber 'thout my gun. Frum thet ar time forrids me an' Jim begun ter pull furder an' furder apart. We'd never bin noways alike, nohow, him not a keerin' fur farm work an' a bein' monstr'us sot agin chores, an' es fur a shootin' he never wanted ter take a gun inter his han's, but ud a spent 'hole days, ef father'd 'low'd him, a huntin' up quar rocks an' Injun spikes an' a pryin' inter oke balls an' ole bumbel bees nests. An' I've seed him gawk 'roun' by the 'our a watchin' birds an' insecks an' a gazin' et lizzurds a sunnin' therselves on de'd logs, but his grates' plesure 'peer'd ter be in a diggin' inter the groun' ter fin' out the ways an' habets o' all sorts o' pizen reptiles an' things. I 'low ef it hed a bin these 'ere times fokes ud a tho't Jim wus a *genus*, ur som' uther outlandish sort o' critter, an' orter be putt wi' a big man o' his own kine ter study quar things out by rule, but them ar days 'twus the fashin ter work fur a livin' 'thout no foolin' roun' ter sarch inter things thet don't do no good when foun' out, so fur es I ken see.

Nobody cudn't stay idel roun' father, an' Jim hedn't only his play time ter foller out an' gratefy his quar noshuns, but he wus monstr'us lucky in a findin' cur'osit'es ter litter up the plaice wi'.

Jim's quar idees wus monstr'us aggervatin' ter me an' I ust ter hide an' burn up his ole trash ontell mother tuk keer uv it an' kep' it outen my way. Father hedn't no patien's wi' Jim nuther when he foun' he cudn't make him pattern arter me. Onct when he ax'd him why he cudn't be a boy o' gumshun an' common sense "like Jack" Jim sed he 'low'd 'twusn't in him an' a body cudn't go agin natur, an' then father cuffed him well fur a anserin' his queston, an' tole him he hed sich a mean, low life dispersishun he didn't want ter be like nobody thet done rite. Ever' ye'r father draw'd the ranes titer on Jim an' giv' me a wider swing, an' I know'd 'twus kase he trusted me an' thot I wudn't swing outen the way. Ennyhow, I wus sot up in my own vanity an' conseet an' look'd down on Jim an' his doin's frum a monstr'us eluvated hight. In a reflectin' back I ken see how things mout a bin made defrent. Thar aint no disputin' thet Jim wus a cur'os boy, but thar wusn't no harm in him, et fust, an' he wus a actin' cordin' ter his natur, es he tole father, an' I wus jis a gwine the rode I wanted ter travel, a gittin' all the pra'se an' Jim all the blame, an' me only a follerin' out my own natur two.

X.

OLE DADDY SUGGS'ES FOKES.

The summer I wus forteen ye'r ole a Methodis' preecher named Jubilee Suggs com' inter the settelmunt an' lade his clame in the aidge o' the purrary 'bout ha'f way twix' our house an' Mis' Grigs'es. He wus a littel s'rivel'd up man wi' a 'rinkel'd face an' bald he'd thet look'd es ef they mout a wore out two ur three bodys, tho' he wusn't more'n forty ye'r ole, an' 'twusn't no time 'fore the 'hole settelmunt was unanimyus in a callin' uv him "Ole Daddy," an' thet ar titul stuck ter him ter the eend o' his days. Et fust, Mis' Grigs tride ter accommerdate his big fam'ly ontell his cabin cud be rased, but she hed ter scrouge out her own boys 'an' send 'em off ter sleep et Tim Jones'es, her ole bildin' a bein' occerpide by sick movers. Then father sed 'twusn't rite ter impose on good natur' an' brung the two oldes' boys, Simon Peter an' John Wesley, an' the gal Becky ter our house. Es fur es a body cud see thar didn't peer ter be no purticklar harm in the boys, them a sorter parin' off wi' me an' our Jim; but Becky she didn't need nobody ter par off wi' her, a bein' more'n a match fur our 'hole fam'ly an' abel ter out-talk 'em all, enny day, an', 'cordin' ter her own noshin, what

Becky didn't know wasn't wuth knowin'. Nuthin' never 'peer'd ter 'scape her notis an' the fust time we all sot down ter dinner she re'd me like a book, a diskiverin' my bashfulness et onct, an' arter thet allus a ketchin' me up onexpected like et tabel, bodiaceously a spilin' my appertight, kase whendever she pinted enny o' her sharp remarks et me I shuk in my shoes, ef I hed 'em on, an' cudn't open my mouth. 'Fore thet ar I'd sorter envy'd fellers thet hed sisters, but arter Becky sot out ter tormentin' me I was monstr'us riconcil'd thet all o' our littel uns wus boys.

When corn wus lade by the men fokes in the settelmunt com' tergether an' clar'd off a bildin' spot fur Ole Daddy Suggs, an' got out logs fur his house an' 'twusn't no time 'fore they rased it an' putt on the rufe. An' me not a relishin' Becky's aggervatin' ways I putt in my bes' licks an' don' a man's work musself, an' when thet ar cabin wus reddy, an' the fam'ly moved in, I felt es ef a mounting hed bin lifted offen my brest an' fit shy o' Becky frum thet ar time on'ards. But Mis' Grigs wus monstr'us sorry ter giv' up her sheer o' the Suggs'es kase Ole Daddy allus red his testamunt twict a day, et pray'r time, an' preech'd ever' Sundy when Joel Tomson didn't com'. O' corse the reedin' et pray'rs cudn't go on, but meetin' wus hel' reg'lar ever' Sundy an' 'fore long a site o' fokes frum fur an' nigh got ter turnin' out in good we'ther, but def'rent motiv's brung 'em. Som' wus thar ter heer preechin' an' be profited by it, an' tuther'ns hed a monstr'us likin' fur the hims an' com' ter heer the singin' an' see tuther fokes an' them thet hedn't no purticklar intrust in non' o' these 'ere things wus draw'd by Mis' Grigs'es tip top dinners; an' so the house wus giner'ly purty well crowded. The settelmunt purfessers wus monstr'us well pleesed an' felt inderpenden' like ter hev ther own preecher, but som' o' the outsiders sorter hinted 'roun' thet Ole Daddy Suggs wusn't much ter brag on, an' thar wusn't no denyin' thet he hed his drawbacks in not a bein' es well iddecated es Joel Tomson, an' a bawkin' monstr'us when the brethering pick'd out his tex' an' sot him ter gwine on a doctrinal sarmint. An' ef he got the leest grane flustrated his reedin' wusn't no better'n father's an' sometimes when he tackle'd a hard word he'd flounder 'roun' rite smart 'fore he got a good purchase an' fotch it, a silabul et a time, an' when he com' ter jine the parts tergether agin' the word wus call'd somethin' 'twudn't a know'd itself by, ef et hed a bin abel ter know ennything. Es fur Ole Daddy's preechin', he don' middlin' well ef let 'lone an' 'low'd ter stick ter the gorspel, but when tuther'ns sorter geer'd him up, es 'twus, an' sot him off ter expoundin' the Methodis' doctrin's, so's purfessin' Christens ud know what they r'aly b'leeved an' git more rooted an' grounded in the rite faith, he'd go a wobblin' roun' like a waggin wheel outen kelter a thre'tnin' ter break down an' giv' out altergether. An' then he'd stiddy hisself an' try ter straten out the sarmint by a devidin' it inter he'ds, but he only got it more mix'd an' tangeld 'n ever an' nobody else cudn't grip it, uther he'ds ur tales. An' then he'd try ter lump the pints agin, a botchin' wus'n ever, an' stan' thar a lookin' diskuridg'd an' humilyated wi' his han's tergether an' his voice sunk mos' ter a whisper, a makin' the 'hole meetin' thet narv'us an' oneesy they'd a liked ter a tuk holt an' a pull'd him thru ef they'd a only know'd how. But Ole Daddy allus managed ter hole on ter his subjec', som'how, an' com' out better'n cud a bin expected. Som' sed ef he'd a spoke up wi' sperret an' a struck out rite an' left an' a ra'r'd an' ranted, es Joel Tomson don', the doctrin's ud a hit harder an' a don' more good. A takin' Joel's preechin' thru' an' thru' it didn't ekal Ole Daddy's, but Joel hed a way o' poundin' on the bibel fust wi' one fist an' then wi' tuthern an' a bangin' roun' an' a hollerin' loud, whether he wus a sayin' ennything purticklar ur not. An' this 'ere hed the effec' o' drawin' attenshun offen a empty sarmint an' a sturrin' up the deef ole purfessers ter a shoutin an' a makin' the meetin' monstr'us lively. But Ole Daddy Suggs he never wanted ter putt on an' be tuk fur more'n he wus wuth, his leedin' idee a bein' thet he wusn't nuthin' but a week an' feebel instrumunt call'd ter proclame the good tidin's, an' somehow he'd got it inter his he'd thet the plane, onvarnished gorspel wus what the Master'd sot him ter preech an' thet doctrin's wus the kuntrivances o' man. But enny fa'lins in his reedin' an' preechin' wus more'n made up in his singin' an' prayin', them thet hed patiens ter wate allus a gittin' the'r reward. Ole Daddy know'd the bigges' eend o' the hims by hart an' when his preechin' wus over ud line off som'thin' monstr'us fittin' an' sing hisself inter a state o' ilokence thet com' out strong in his closin' pray'r. An' then it 'peer'd es ef he'd foun' wings ter soar, his face a litin' up an' his voice a risin' ter thet ar pitch it cud be heern a good haf a mile, wi' the win' in the rite direcshun, a bringin' out the rousinest "Amens" frum som' thet never open'd the'r mouths when Joel Tomson wus a kayortin' 'roun' an' a doin' his level best.

Ole Daddy Suggs hedn't lived long in the settelmunt 'fore 'twus know'd why'd he'd sorter dride up an' got ole 'fore his time. 'Twusn't fur no uther reeson only his a tryin' ter squar' his life by Scripter an' a havin' tuk fur his leedin' motter, "B'ar one nuther's burthens," an' thar wus allus plenty a hangin' roun' ter weight him down wi' theirn an' hev a monstr'us e'sy time therselves, an' 'twusn't long 'fore the 'hole posse o' Ridge settelmunt borryers an' spungers hed turn'd therselves loose on him. I've know'd him ter lend his critters outen the plow the bizzyest time ter accommerdate a shif'less nabur' an' his boys a havin' ter wate roun' idel ontell they wus brung back or delve wi' the'r hose. An' ef 'twusn't critters ur farmin' utenshils, like es not, 'tud be Ole Daddy's Sundy cote, ur kivers offen the bed, ur ennything ax'd fur, Ole Daddy never a bein' know'd ter refuse nuthin' ter nobody. This 'ere wus bad nuff, but the wust burthen o' all wus his gwine scoority fur uther men an' never failin' ter hev ter sackerfice som' o' his own prope'ty ter pay the'r de'ts. Onct arter his bes' cow hed bin levied on an' druv off fur one o' these 'ere naburly ax, Mis' Suggs she putt on her bonnet an' com' over ter our house an' beg'd father ter try an' pursuade Ole Daddy not ter sine nobody's papers agin. She sed she didn't want ter complane o' her ole man, kase he wus a tryin' ter do rite an' she b'leeved he wus on the strate rode ter Heving, ef ennybody ever wus, an' boun' ter git thar too, whatsomdever becom' o' the balence o' the fam'ly, but she 'low'd 'twusn't nuthin more'n nateral ter be aggervated when he wus everlastin'ly a lendin' an' a givin' an' a gwine scoorities when wi' all ther rakin' an' scrapin' they hedn't more'n bar'ly nuff ter live on therselves. When the time fur the nex' sale roll'd 'roun' father tride ter pursuade Ole Daddy not ter go, but he only shuk his he'd, mournful like, an' sed he'd oblugated hisself an' 'tud be 'rong, ter stay 'way. Then father saddel'd up his critter an' went 'long two, an' when he seed a passel o' men thet hed bid off things they know'd they cudn't afford, a makin' fur Ole Daddy, he sorter he'ded 'em off fur the time, but wus call'd inter the house a minnit an' when he com' back Ole Daddy's name hed gon' down onter three notes an' he hed 'em all ter pay. Et the nex' sale father tuk him in han' 'arly an' run him off inter the timber ter look et a passel o' mast fed hogs sot off es a part o' the widder's dowry—kase nobody wanted 'em—an' kep' him thar ontell all the papers wus sined an' fixt up, an' I 'low thet ar wus the only time Ole Daddy Suggs ever mounted his critter an' rid back home frum a sale when he wusn't a carryin' a bigger lode o' det then when he started.

'Peer'd like wi' his ginerosity, a bein' imposed on so offen by strangers, Ole Daddy orter a hed som' sorter ricompens' in his own fam'ly, but his chillern wus giner'ly et s'ords pints 'mong therselves, all selfish an' a pullin' in opposit' direcshuns, an' wi' no sorter nateral feelin' fur the'r father. But et pray'r time Ole Daddy allus draw'd in the ranes o' govermunt an' gether'd 'em 'roun' the fam'ly alter from the leest ter the bigges' whar they jined in the singin' an' knelt es solem' es a meetin' house while he pray'd, but the secant he woun' up wi' "Amen" they all went ter peeces agin. This 'ere mus' a bin hard ter b'ar, but I 'low the he'vies' burthen o' Ole Daddy's life wus his ole wummin's bad managmunt, her housework allus a pushin' brekfus late, dinner behin' an' no supper ontell bedtime. Es long es ever'thing went on sorter slipshod an' e'sy Mis' Suggs ud set an' nuss her han's monstr'us mile an' good natur'd, but when Satturdy mornin' roll'd 'roun' an' she wus obleeged ter take holt an' red up an' straten out her week's work, things hed ter go wi' sich a rush her temper flamed up ter the highes' pitch an' ullus left her in a backslidin' state fur Sundy. An' ef ennybody cross'd her path when she wus a hurryin' they hed ter git outen it quick ur take the konsekenses. Onct when I'd gon' ter the Suggs'es on a arrant a Satturdy evenin' I heern her let out an' giv' Ole Daddy sich a gwine over I wus thunderstruck an' back'd off behin' the smoke-house ter git outen the way. She wus a scrubbin' her chers in the yard when he rid up frum the Posey sale an' turn'd the ole gray inter the pastur' an' wus a gwine ter hang his saddel up onder the shed when she holler'd out an' ax'd him ef he'd seed ennything o' thet ar man thet borry'd his cote an' the bed kiver, an' he sed he hedn't bin nowhars 'cep' ter the sale an' the man wusn't thar. An' she sed he'd a long site better a gon' an' a hunted the man up then ter a bin foolin' roun' a sale, thet he'd no bizness ter a lent the bed kiver nohow, *mebbe* he hed a rite ter lend his bes' cote an' go 'thout hisself but she'd say an' stick ter it thet 'twus a sin an' a shame fur him, preecher ur no preecher, ter let uther fokes hev what his own chillern needed an' no thanks nur nuthin fur it nuther. Ole Daddy sed 'twus in Scripter thet ef a man ax'd ter borry yer cote ye wus ter lend him yer cloke also an' him not a havin' no cloke he 'low'd mebbe a bed kiver mout ripresent one. Insted o' quietin' Mis' Suggs down this 'ere answer jis sot her wile an' she bang'd the cher she wus a scrubbin' agin the tub es ef she'd smash it all ter flinders, an' sed he wus welcom' ter lend his cloke ur his cote an' ever' solutary dud he hed, ur ripresent ennything he pleesed frum his own cloes, but he cudn't fin' no Scripter nowhars fur a robbin' an' a freezin' his own fam'ly ter help nobody an' she wusn't a gwine ter stan' his conduc' no longer nuther. Et this 'ere I clum back over the fence an' went home, 'thout a making my arrant know'd, kase I cudn't b'ar ter com' in contac' wi' Mis' Suggs in her high temper nur ter see Ole Daddy a lookin' so melunc'olly an' downh'arted.

XI.

THE SETTELMUNT'S FOKES.

By this 'ere time a rite smart sprinklin o' pineers wus scatter'd 'roun' in the def'rent naburhoods, but they lived a long ways apart. Mos' o' the fokes on the Ridge com' frum Tennysy ur ole Kaintuk and the Fork's settlers frum Virginny an' the Car'linas. This 'ere wus whar the Goshen rode forked fur Jurdan's Mill an' the Tomson settelmunt, 'bout five mile beyant Mis' Grigs'es on the North. Ole man Simson wus the fust ter lay his clame et the Forks an' now he hed a big farm fur hisself thar an' a littel store he'd sot up fur his son Josi'ar thet wus back in Ole Virginny, 'long wi' his mother's kin, a gittin' skuled. The rite fork o' the rode led ter the Tomson's six mile furder on an' then m'ander'd northe'st an' sorter lost itself in the big purrarys, the left fork branch'd off ter Jurdan's water mill on the Littel Muddy 'bout the same distans es Tomson's an' then on ter the furdes' frunteer settelmunts in the tarritory. The Tomsons work'd hard ter bild up the'r naburhood an' git a good class o' fokes 'roun' 'em, but a site o' new comers tuk ther chances o' the mallary an' settel'd neer the Littel Muddy ter be handy ter the water mill. Et fust all the travel crost the purrary wus past Mis' Grigs'es, but its a bein' outen the way fur father when he tuk his projuce ter the river town an' brung back a lode o' salt an' things, he lade off a direc' route fur his own use, thet jined the main rode on tuther side o' the purrary an' nuther'n strate frum our plaice ter the Forks. An' arter while the Post Oke Flatters got ter a usin' our rode more'n tuther'n an' 'twus a monstr'us noosance, but we cudn't help ourselves arter the way wus onct open'd. All the fokes on our side o' the purrary tride ter bring the'r chillern up ter be respectabel an' the bigges' part went ter meetin' when they hed a chance, but wi' the Post Oke Flatters 'twus def'rent. They spent mos' o' the'r time a gamblin' an' a hoss racin' an' never kep' Sundy no more'n tuther days. An' thar wus reports roun' thet they'd druv cattel in offen the purrary an' altered ther marks an' cla'med 'em, an' the riteful owners attemptin' ter rekiver the'r prope'ty wus tole thet ever' las' Flatter ud sw'ar agin 'em an' jis hed ter giv' up an' submit ter the injestis. Naterally nobody thet tho't ennything o' the'r fam'lys ever lade the'r clame over in the Post Oke Flat, an' " Smith's " com' ter hev sich a hard name movers wus allus afrade ter putt up thar, an' uther camp'd in the woods ef belated, ur push'd on ter Mis' Grigs'es et the resk o' losin' therselves on the purrary.

Non' o' the Flatters wus never know'd ter show the'r faces et meetin's ur uther getherin's uv the North side settlers, but som' traded a littel et the

Forks store an' thar wus shore ter be a big crowd uv 'em et Jurdan's mill grindin' days. An' they offen brung a waggin an' camp'd thar the nite afore ter be ahe'd o' time an' rid the'r fines' hosses ter hev the races a gwine on the nex' day. An' when the fokes hed all com' ter mill they'd start off on a level peece o' rode an' race an' then drink an' fite 'mong the'rselves, sometimes a usin' ther knives an' a cuttin' 'roun' purmiskus like, but the site o' blood allus 'peer'd ter putt 'em inter a good 'umor an' then they'd shake han's an' make up an' the nex' minnit quarrel an' fite agin. An' somehow they know'd the speed an' pedigree o' ever' critter brung ter the mill' an' wus everlastin'ly a hangin' 'roun' somebody fur a trade, but ter the credit o' all the North side fokes I mus' say thet non' uv 'em wus never know'd ter swop critters wi' the Post Oke Flatters, nur ter countenence 'em in no way whatsomdever. Nobody cudn't excuse the Flatters an' say they wus ornery kase they'd never hed no chance fur book larnin', fur non' o' tuther settelmunts hedn't no eddication ter speek uv nuther, an' they all tride ter live peecabel an' don' es neer rite es they know'd how. Yes, 'twus a ser'os an' solem' fac' thet monstr'us few in enny o' the settelmunts cud reed a word in the Bibel, let 'lone 'ritin' an' figgers an' thar wus a power thet cudn't a tole one letter frum nuther ter a saved the'r lives, but them wus mos'ly wimmin fokes thet never 'peer'd ter hev no purticklar use fur larnin' them days. Es I've sed, father cud reed middlin' well when he tuk his own time an' nobody tride ter push him, but he cud jis b'ar'ly rite his own name an' thet so bad nobody cudn't make it out e'sy, onless he got holt o' a pen thet wusn't sputtery an' them wus hard ter find, a body a havin' ter make 'em the'rselves outen goose quills. An' mother she never know'd her a, b, c's all her life, tho' she b'longed ter a proud ole fam'ly thet hel' the'r he'ds monstr'us high, but she hed a plenty o' good, solid common sense an' thet ar counted in plaice o' book larnin' them times; an' 'twudn't hurt non' ef thar wus more o' the same kin' o' sense, 'long wi' the larnin' fokes is a gittin' these 'ere days. Som' in our settelmunt ud a bin agin skulin' uv ther chillern ef they'd a hed a chance, a holdin' uv the idee thet yung uns ortent ter be sot up ter know more'n ther parients. An' them thet hel' the contrairy 'pinyun hedn't no way o' showin' uv it in our naburhood fur a long time, the fust skule thar not a bein' started ontell I wus more'n twenty ye'r ole. 'Fore thet they got one ter a runnin' over in the Tomson settelmunt in the winter, an' sich stile es som' o' the yungsters putt on when they got ter a spellin' "b–a–k–u–r, bakur," wus a caushun. I'd a bin glad ter a spelt an' re'd a little grane musself an' sorter hinted 'roun' ter father 'bout a gittin' a book an' a tryin' my han', a hopin' he'd l'arn me. But he nip'd all my aspurashuns in the bud by a sayin' 'twusn't no use ter bother my brane, onless I wus call'd ter preech, an' thar not a bein' no indercashuns thet a way, onless he'd bin monstr'us mistuk, he th'ot farmin' sooted me better. I never wus much uv a talker an' 'twudn't a don' no good ter a argyed the pint wi' father nohow ef I hed a bin, but I kep' up a monstr'us thinkin', an' som' o' my privat' tho'ts wus thet ef I'd a bin in father's place an' a hed a boy a hankerin' arter books an' allus a puttin' in his bes' licks et work two, I'd a help'd him. An' I didn't think, musself, thet iddicashun an' farmin' ud conflic' nuther, kase one cud be sot 'bout in winter an' tuther in summer, but nobody wusn't no wiser fur my tho'ts an' I dunno es they wus enny comfurt ter musself. Sense I've bin a man I've allus hel' the idee thet ef I'd a bin sot et books yung I'd a don' middlin' well an' mebbe they wudn't a spilt me, but thar's no tellin'. Ennyhow, I wus never agin iddicashun fur nobody, musself, a holdin' thet more's bin spilt tuther ways than by a gittin' 'nollidge inter the'r he'ds. But I don' bleeve in no overlo'din'. Ef fokes o' my time cud a had a sheer o' what ther're a pilin' onter this 'ere ginerashun I 'low 'tud a bin better fur all han's. 'Peers like, ef I'm enny jedge, thars a monstr'us overdoin' o' things in the skules these 'ere days an' it takes a yungster o' purty strong bild ter stan' up onder what they're a histin' onter 'em an' do hisself jestis. I don' bleeve one outen a thousan' knows what ter do wi' so menny kin's o' larnin' arter he gits 'em. 'Cordin' ter my noshun, ef ever' boy hed a good, squar' drill in reedin', ritin' an' figgers an' some *one* thing sooted ter his turn o' min', thet he cud grip well an' hole onter, piled on top, arterwurds, he'd know a site better how ter make his livin' when the skules wus don' wi' him, ur he wus don' wi' *them*, don' make no def'rence whech. In a ruminatin' things over, I've offen th'ot ef me an' our Jim cud a hed books an' a larnt 'em tergether in the winter time we mout a onderstood one nuther better an' not a grow'd up so fur apart. An' mebbe, ef I cud a re'd the Bibel an' a larnt som' uv it by hart I never wud a tuk up wi' no bleef contrairy ter my fokes an' the way I wus brung up. Es 'twus me an' our Jim wus scursely ever tergether 'cep' when we went ter mill an' then we didn't talk an' joke es boys o' our ages naterly don'. We jis histed the grists onter our critters an' a mountin' on top uv 'em jogged off, me bizzy wi' my own tho'ts an' him wi' his eye skinned fur ev'ry bird an' rabbit on the rode. Sometimes the Flatters ud overtake us an' Jim wus jis es perlite an' civil ter them es ter respectabel fokes, an' it aggervated me monstr'us. I'd stop my own critter fur 'em ter pass on an' giv' 'em the cole sho'lder allus, but Jim ud a rid cleen ter mill wi' 'em ef I hedn't a bin monstr'us severe wi' him. One day we'd stop'd so fur behin' ter let the Flatters go on we wus belated, an' ever'body's grist was ahe'd o' ourn when we got ter the mill. Thar wus a monstr'us big crowd a watin' roun', entertanin' therselves the bes' they know'd how. The Flatters went off tergether as usool, an' a makin' a ring roun' Bird Watkins an' Hank Smith sot 'em ter a raslin an' a fitin' like the old uns. The Tomson an' Fork fellers lay scatter'd 'roun' on the banks o' the crik an' our settelmunt fokes an' mos' o' the Littel Muddyites 'ranged therselves on stumps an' logs in frunt o' the mill. Thar wus a newcomer thet didn't 'peer ter b'long nowhars, but kep' a vibratin' uv hisself 'twix' these 'ere two crowds a tryin' monstr'us hard ter git up a argyment on som' quar' sort o' doctrin', a usin' sich big words nobody cudn't onderstan' him ontell Joel Tomson tuk him in han' an' made him bile down what he wus a tryin' ter advance an' putt it in planer turms. An' then the man sed he cud prove thar wusn't no bad plaice, only he call'd it a more forcibel name, an' when he spoke the word ever'body jump'd. I look'd et Jim, thet wus a settin' on the groun' a contemplatin' a purcesshun o' ants a packin' lodes bigger'n the'rselves, ter see ef he'd heern, but he wus too 'rapt up in the insecks ter notis nuthin' else, an' I went an' giv' him a nudge an' sent him off ter water the critters, kase I know'd he allus enjoy'd makin' em splash 'roun' in the crik. An' then purtendin' ter be monstr'us intrusted in the ants musself I tuk his plaice an' kep' my yers wide open ter gether what I cud o' the new doctrin'. The man talk'd monstr'us glib 'bout a body's livin' a strateforrid moral life, a doin' jestis ter ever'body else kase 'twus his dewty, an' allus a ple'sur' ter do rite, an' then Joel argy'd strong agin works 'thout faith, an' et las' com' a flyin' et him wi' his lake o' fire an' brimston', thet 'peer'd ter squelch him fur a secant an' then he com' up agin an' sed 'twus cowurdly ter do rite kase a body wus afeer'd o' bein' sent ter the bad plaice fur a doin' 'rong, thet fur hisself he wusn't afeer'd o' no punishment here nur herearter, the lake o' fire an' brimston' a bein' only a figger. An' when Joel brung up more Scripter ter sustane his argyments, the man sed the Bibel wus made up o' figgers an' then Joel sed ef he went ter floutin' the sacredes' book in the worl' he wudn't hev no more words wi' him, an' walk'd off wi' the 'hole crowd a follerin' him, all but me, an' I stretch'd musself flat on the groun', 'peerently more intent on a watchin' the ants'n ever. An' I mout es well record here thet 'twusn't long 'fore this 'ere man got inter som' sorter meen scrape, not a bein' hel' by his own doctrin's, an' wus run outen all the settelmunts, an' ever'body sed 'twus a monstr'us good thing he wus got shed uv 'fore a contamunatin' enny o' the yungsters. Nobody wusn't non' the wiser thet ever' word he sed hed tuk hold o' me wi' a site more force then enny gorspel I'd ever heern preech'd, an' I'd a giv' all I wus wuth, a thousan' times over, ter a heern more o' his doctrin's, but I lay on the groun' 'thout a makin' no sine, an' he went an' got his grist thet wus 'mong the fust ter be groun', an' flung it onter his critter an' mounted an' rid off. Es I wus a reflectin' on what I'd heern, Wes Suggs com' up an' foun' me an' mos' split his sides a laffin', kase I'd tuk up Jim's trade o' watchin' insecks, an' thet ar brung me ter my senses an' I wunder'd why it tuk Jim so long ter water the critters, an' went over on tuther side o' the milldam ter look him up. But thar wusn't nuthin' ter be seed o' him nur the critters nowhars. Arter a sarchin' high an' low thru the woods fur more'n two 'ours I went back ter the mill an' purty soon seed Jim a ridin' up wi' Bird Watkins behin' him an' the two Smith boys on our tuther critter. 'Peers the Flat boys hed talk'd Jim inter a gwine wi' 'em a long ways down the crik ter Crooked Fork ter see a beever dam. I walk'd up an' kotch the bridel o' my critter an' the Smiths slid off on tuther side an' sneek'd over ter the Flatters, a lookin' monstr'us meen, an' then I tuk holt an' giv' Jim a shakin' the minnit he totch the groun', a thre'tenin' him wi' father, but I felt musself thet g'ilty fur a sendin' him outen my site wi' sich bad comp'ny a lurkin' 'roun' thet I never open'd my mouth on the subjec' ter nobody.

XII.

LISHY MENDEN'ALL THE HARD SHELL.

'Bout this 'ere time a strappin' big hard shell preecher com' frum Tennysy thet beet ever'thing fur braggin' 't hed ever bin heern in all them settelmunts. He wore a soot o' blue jeens wi' brite brass buttons an' a high crown, white beever hat, wi' a wide black band a kiverin' up ever' bit 'cep' the top aidge, whech he hed ter take off, ur duck his he'd, monstru'us, 'fore he cud git in et enny dore. An' he tole ever'body, 'bout the fust thing, thet he wusn't on the lookout fur land, kase he hed a monstr'us big farm in Tennysy an' wus full handed in ever'way, but wus jis a knockin' 'roun' ter kill time, kase his pardner'd bin tuk frum him three munths afore, arter them a livin' tergether up'ards o' twenty ye'r. His fust stoppin' plaice wus et Mis' Grigs'es an' he wanted ter stay thar, but the boys cudn't stan' so much advice es he wus a givin' uv 'em free gratis fur nuthin', an' so they got Mis' Ben Jones ter take him ter bord, an' she sed ter som' o' the naburs thet 'twus more'n likely the boys wus afeerd this 'ere stranger ud take a noshun ter ther mother, as she wus allus a axin him ter reed ter her outen his testamunt, but they wus jis skeer'd 'fore they wus hurt, kase 'twus well know'd thet ole widderers allus pick'd out the yunges' gals they cud fin', an' Ferreby Grigs hed broke monstr'us sense her las' ole man's deth. An' ole Mis' Flint tole mother she'd never seed a wor'ly mindeder critter in all her life'n Hanner Jones, kase ever' sense this 'ere preecher Menden-'all hed giv' out he wus well off she'd jis bin a flingin' her Peggy Jane et his he'd, whech wus a sin an' a shame, a tryin' ter marry a yung gal ter a man mos' ole nuff fur her gran'daddy. Mis' Ben Jones she tried ter git the leedin' purfessers ter ax the stranger ter preech Sundy 'bout wi' Ole Daddy Suggs 'fore they know'd what kine o' doctrin's he hel'. She sed he wus a monstr'us fine scolard, an' 'twusn't nuthin' but a releef ter heer him reed arter Ole Daddy Suggs'es bawkin' an' a botchin', thet all *he* hed ter do wus ter git one good, squar' look et a word an' whether 'twus Jehorsyfyat ur Jerryboohim it hed ter com', an' all et onct two, 'thout no hagglin' uv it ter peeces. But nobody wusn't willin' ter take no strange preecher on trust an' Mis' Ben got nuthin' but cole comfurt fur all her panes. Fokes ud a thot this 'ere Menden'all cud a larnt all he wanted ter know 'bout the settelmunt fokes, an' a site more, frum Mis' Ben Jones, but he 'peer'd ter be o' the *contrairy* pinyun, hisself, ur not ter want no seccant han' news, an' he went a visitin' thru the settelmunt a pumpin' 'roun' an' a blowin' uv his own trumpet ontell he know'd ever'body's hist'ry an' ever'body know'd his'n. Arter 'while 'twus diskivered thet he wus a sarchin'

roun' fur them 'twus week in the Methodis' b'leef,
'lowin', ef he cud, ter turn 'em his own way an'
start up hard shell meetin's in the settelmunt. An'
not a makin' no he'dway he tuk ter gwine reglar
ter heer Ole Daddy Suggs'es preechin', a watchin'
like a hawk ter fin' somethin' ter pounce down on
fur a argyment. But Ole Daddy, a havin' woun'
up his sarmints on doctrin', wus a stickin' thet clost
ter the simpel gorspel truth no b'leevin' Christen
o' no name whatsomdever cudn't fin' nuthin' in all
his preechin' ter objec' ter. An' not a gittin' no
holt on Ole Daddy's preechin' fur a argyment, this
'ere Menden'all he jis lock'd horns wi' him on
babtism one Sundy arter meetin' when a big crowd
wus a settin' 'roun' a watin' fur dinner. Fur a
long while they hed it up an' down, Ole Daddy
Suggs a standin' firm an' a holdin his own agin
tuther'n monstr'us well a tellin' uv him he wus in
favur o' sprinklin' hisself, but 'cordin' ter the
Methodis' dis*cip*lin' ever'body wus et liberty ter
choose his own way, whether sprinklin', porin', ur
immersin', but all kines o' babtizin' wus only
secundary an' o' no use whatsomdever 'thout a
change o' h'art. An' tuther'n he argyd thet, a
bein' putt cleen onder the water wus obeyin' the
command ter be berry'd wi' Christ in babtism, an'
o' corse *wus* o' the *fust* importans. An' Ole Daddy
he argyd thet thet ar wusn't nuthin' but a tipe an'
didn't meen no babtism o' the body, but a pury-
fyin' o' the sperret. An' they argy'd 'fore dinner
an' arter dinner ever' Sundy fur a hole munth, wi'

all the fokes a lis'nin' monstr'us intrusted, an' then they tuk ter gwine off an' a havin' fren'ly talks all ter the'rselves. Nobody cudn't onderstan' this 'ere ontell it leeked out thru Becky Suggs a tellin' Mis' Ben Jones' thet spre'd the news like wile fire, thet sense Lishy Menden'all hed foun' out the Methodis' wusn't agin immersin' he'd bin a investigatin' som' uther pints in the'r doctrin' an' hed made up his min' ter quit the Babtis' an' jine 'em. An' 'twusn't long 'fore his credenshals a bein' examin'd an' foun' reglar he wus tuk in by letter an' made a licensed Methodis' exorter. An' nobody cudn't deny thet he wus a good reeder an' monstr'us gifted in speech, but he wus thet long winded his exortin' allus tuk up more time then Ole Daddy Suggs'es 'hole sarmint. An' et fust 'twus in sich a funny twang som' o' the yungsters mos' snigger'd rite out in meetin'. Lishy mus' a suspicioned ur a bin tole thet his sing song didn't soot, fur Tobe Jones sed he ust ter com' 'crost him in the timber a preechin' ter the trees ter git shed o' his hard shell stile. Arter he'd bin tuk in an' begun his exortin' 'peer'd he wus allus a comin' ter som' 'notty pint in the Methodis' doctrin's thet nobody cudn't explane ter his sattisfacshun ekal ter "Sister Grigs." An' he kep' a gwine back'ards an' forrids ter her wi' somethin' ter onravel ontell Mis' Ben Jones 'she got cleen outen patiens an' tole 'roun' 'mong the naburs thet Ferreby Grigs wus a settin' herself up ter know more'n the exorter hisself an' 'twudn't be surprisin' ef she wus arter him fur a third ole man. Som' sed 'twus more likely he wus arter her farm an' Tobe Jones sed ef he *wus* Dave ud soon be arter him an' 'twusn't long 'fore all the meddlers in the hole settelmunt wus up in arms on this 'ere subjec'.

XIII.

MEDDLERS MAKE A MATCH.

Them days, same as now, rite smart wus monstr'us willin' ter putt in all ther spar' time an' more two 'tendin' ter tuther fokes'es bizness 'thout no invitin' whatsomdever.

Mis' Ben Jones she wus the ring leeder o' this 'ere kine in our settelmunt an arter a sturrin' up ever'body else she cud on the Mis' Grigs an Menden'all subjec', she com' over an' tried ter pursuade mother ter go an' talk ter Mis' Grigs, offerin' ter putt the very words she orter say inter her mouth. "Tell her," sez Mis' Ben, "thet thar aint no excuse whatsomdever fur her marryin' agin, now thet her boys is abel ter run the farm 'thout no help, an' ef she takes the step 'tull lower her monstr'us kase non' o' the naburs wont putt up wi' no wummin's marryin' three times an' her full handed an' not a dependin' on nobody. An' tell her," sez Mis' Ben, "thet she ortnt never ter 'low Brother Menden'all ter be a hangin' 'roun' on week days; an' thet ef he ever broaches the subjec' o' matteromony she orter set him on tract o' som' likely yung wummin in the settelmunt, an' say 'tud be a more sootibel match fur him then enny older purson!" An' mother axt Mis' Ben when her tung stop'd why she didn't go an' say all this 'ere ter Sister Grigs herself, ur git her ole man ur Timothy Jones ter say it. An' Mis' Ben sed thet the sperret 'peer'd ter a gone cleen outen Ben on the subjec' o' marryin' an' Tim Jones ud spunk up offul an' she'd hev ter giv' him a peece o' her min' an' 'twusn't no use a sturrin' up a furs 'thout som' good cud be don' an' es fur herself like es not Ferreby ud let all she sed go in et one yer an' outen tuther'n. Then mother she ax'd Mis' Ben ter excuse her, on the groun' thet ef Sister Grigs'es own brothers wudn't volunteer ter giv' her no advice an' Mis' Ben wus afeerd she wudn't hev no inflooence, 'twudn't be nuthin' but pursumshun fur *her* ter broach the subjec'. An' mother sed fur her part she didn't b'leeve thar wus a grane o' truth in all this 'ere talk 'bout Sister Grigs, thet ever'body wus allus in the habet o' gwine ter her 'bout all sorts o' things an' more'n likely she'd never tho't nuthin' whatsomdever uv this 'ere stranger a comin' ter hev pints o' doctrin' explained. An' mother sed 'twus monstr'us surprisin' thet som' o' the fokes thet Sister Grigs hed allus treeted so well an' help'd over so menny ruff places, es she hed the bigges' part o' the fokes on the Ridge, ud go a talkin' behin' her back an' sposin' things when nobody wusn't shore o' thar a bein' ennythin' ter spose nohow, an' thet ef this 'ere stranger wus a makin' up ter Sister Grigs an' she'd no objecshun, 'twusn't nobody else's bizness but theirn no matter how offen narry one uv 'em hed bin marrid afore, ef 'twus a duzzen times. When mother got roused up ter speek her min' she allus sed som'thin', an' this 'ere time silenced Mis' Ben Jones thet effectooal she jis' knock'd the ashes outen her pipe an' never open'd her mouth agin, 'cep' ter say "Good evenin'." An' then she went out an' mounted her critter an' rid off an' tole 'roun' the settelmunt thet 'twusn't no wunder Ferreby Grigs hed got fool noshuns inter her he'd, a bein' so thick wi' *that* Mis' Dean thet b'leeved in ever'body's a marryin' a duzzen times an' offener, ef they got a chance. An' then she tuk Mis' Hawkins, a new comer, an' ole Mis' Flint an' went over ter Ole Daddy Suggs'es an' tole him all Mis' Grigs'es relashuns an' fr'en's tho't 'tud be a monstr'us bad thing fur Mis' Grigs'es orfant boys ef she marrid Brother Menden'all an' 'tud spile her independens an' brake inter a site she wus a doin' fur the meetin's an' the settelmunt, but the wust ud be fur herself, kase all the naburs ud think no wummin purson ud never consent ter be marrid three times 'thout she wus all 'rong in the he'd. An' Mis' Ben sed thet Ole Daddy wus the only one thet hed the power ter brake off the match an' he orter set 'bout it es soon es possibel. On heerin' all this 'ere Ole Daddy wus monstr'us trubeld in sperret an' thars no tellin' what he mout a don' ef Mis' Suggs hedn't a stud up thet firm agin his gwine thet he dar'n't promis', so he tuk a littel trip inter the timber to collec' his tho'ts an' then com' back an' tole the wimmin fokes ef they'd giv' him ontell the nex' Mondy week ter sarch an' git lite frum Scripter on the subjec' they mout go ter Mis' Grigs herself wi' his 'pinyun. This 'ere left 'em no choice 'cep' ter go home, but brite an' 'arly on the 'pinted day Mis' Ben wus on han' wi' a big lot o' witnesses, a bein' morelly certing the verdic' ud be strong agin the marryin'. They all com' in a lookin' monstr'us cheerful an' confiden' an' 'ranged therselves 'roun' the room in chers an' on the beds an' Ole Daddy riz up testamunt in han' es ef 'twus meetin' an' hed his say out in a strateforrid way 'thout a bawk frum beginnin' ter eend. "My sistern!" sez he, "we've met here ter day 'cordin' ter 'pintmunt ter decide on a certing co'rse o' conduc' fur one o' the bes' o' our naburs, tho' so fur es I've bin abel ter fin' out 'thout her nollige. An' this 'ere a bein' a ser'os an' a solem' subjec' I aint spar'd no time in a huntin' up in the testamunt all the pints a barrin' on what's afore us an' es neerd es I ken make out thar aint no Scripter thet actooally forbids fokes'es marryin' es offen es they pleese *arter ther pardners is cleen ded an' gone*, men *nur* wimmen, et don't make no def'rence whech. An' 'peers like in a reedin' up thet wimmin fokes hes got ruther the best o' the argyment one wummin a bein' menshuned es a havin' marrid seven times, but I 'low thet ar ud be considered rite smart over a good av'rage these 'ere days. In Heving thar aint no marryin' nur a givin' in marrige, whech orter be a consolashun ter them thet's agin it on arth. An' ter win' up an' make a finish o' this 'ere subjec' I'm boun' fur ter say, my sistern, thet 'cordin' ter my noshun made up frum Scripter I've foun' on the subjec', ef Brother Menden'all an' Sister Grigs wants ter unite therselves in bonds thar aint nuthin' agin it in the laws o' mankind nur in the leds o' the Bibel!" An' a purnouncin' a sorter benerdicshun, es ef he wus a windin' up meetin', Ole Daddy went out an' got onter his ole gray thet wus saddeld an' hitched ter the fence an' trotted off ter the Johnson sale a feelin' he'd don' his 'hole dewty. 'Fore he wus outen site Mis' Ben Jones rar'd an' raved an' sed she didn't b'leeve Ole Daddy hed bin a sarchin' the Scripters fur his verdic', but hed bin putt up by Ferreby Grigs an' Lishy Menden'all therselves jis ter aggervate *her*, an' thet she b'leeved Lishy hed larnt him his peece, thet it didn't soun' like Ole Daddy's own 'tall an' thet he never cud a made up an' got ennything off so glib 'thout help. Dunno what else she mout a sed ef Mis' Suggs hedn't a stop'd her. "Ye're monstr'us mistuk!" sez she. "Whatsomdever faults my ole man's got he aint no hippercrit, an' he don't git up an' speek nobody's peece an' purtend its his'n, an' he aint no story teller, nuther, an' when he tole ye he'd sarched Scripter an' made up his min' *'cordin'* ter his sarchin' dipend thet ar wus truth, sartin es thar's a gorspel. An' ef thar's ennything furder ter be sed agin my ole man mebbe 'tud be becominer in ye ter say it outside o' his own dore."

An' then ole Mis' Flint she 'pologized an' sed Hanner Jones wus monstr'us worrid 'bout Mis' Grigs'es orfant boys, thet wus most es neer ter her es her own, an' thet she didn't meen no harm ter nobody in what she'd sed an' thet her an' Hanner hed started off frum home 'thout ther reglar smoke an' they wus both upsot an' ud jis' set down an' hev a few whiffs tergether an' thet ud make ever'thing rite. Becky Suggs lit ther pipes an' then tole 'em she'd made up her min' while her daddy wus a talkin' ter go over nex' day an' tell Lishy Menden-'all what the naburs wus a sayin' an' putt a stop ter the marryin' herself (Becky allus a settin' herself on tuther side frum her daddy outen downrite con*tra*iriness).

All the wimmin fokes wus monstr'us tickled but dar'n't show it, a knowin' the bes' way ter agg her on wus ter talk agin her projec'. "'Twon't do, Becky," sez Mis' Ben, "no gal orter go an' talk on this 'ere subjec' ter no man, an' this 'ere un older'n yer daddy!" "So much the better!" sez Becky, "ef he wus a yung man I wudn't look et him ef he marrid a duzzen Mis' Grigs'es. But this 'ere old un he talks so big an' thinks hisself so monstr'us high larnt an' so fur 'bove ever'body else in the settelmunt I think it'll be lots o' fun ter let him know what the naburs thinks o' him!" "Don't do it, Becky!" sez ole Mis' Flint, "ur ef ye're jis *boun'* ter go putt it off ontell nex' week. Ef I'm enny jedge o' wether a big storm's a brewin' an' to-morrer it's jis a gwine ter pore!"

"Ye all mite es well spar' yer breth!" sez Becky, "I'm a gwine ter-morrer ef it rains cats, dogs an' pitchforks pint fo'most!"

This 'ere putt 'em all inter monstr'us good sperrets an' they started off ter Mis' Grigs'es, som' a walkin' an' som' a ridin' dubbel, a havin' sent her word they wus all a comin' ter her house fur dinner, 'lowin' ter giv' her Ole Daddy Suggs'es 'pinyun an' see how she tuk it. But now all wus def'rent an' they agreed ter wate ontell arter Becky hed her say, an' fin' out its effec', 'fore a institootin' furder purseedin's. Mis' Grigs wus allus glad ter see enny o' her naburs, an' when she heern they wus a comin', putt off the dyin' o' her indigo blue thet she'd lade off fur thet ar day, ter cook 'em a good dinner. When the tabel wus all sot an' ever'thing else reddy an' she seed 'em a comin', she turn'd the corner o' her apurn over her he'd an' went a rite smart peece up the rode in the brilin' hot sun ter meet 'em, a givin' 'em sich a harty welcom' they must a felt ruther small, but non' uv 'em show'd it. They went in an' spent the day, what wus left uv it, an' when they started home ever'body 'peer'd ter a hed a monstr'us good time.

Becky Suggs never let no grass grow onder her feet an' nex' mornin', brite an' arly, saddeled up the ole gray an' a takin' her mother behin' her started ter Ben Jones'es on her arrant, but jis es they got even wi' Mis' Grigs'es they kotch site o' Lishy Menden'all a crawlin' thru the bars. Dave hed jis com' in frum the fiel' an' wanted Becky ter let him help her down, but she sed no an' rid up ter a stump an' a huslin' her mother off sent her inter the house ter keep Mis' Grigs outen the way an' tackled Lishy 'thout a litin' offen her critter.

When Dave heern his mother's name he stud stock still an' lis'n'd ter ever' word. Becky tole Lishy she wus on her way ter hunt him up an' let him know the 'hole naburhood wus distarbed 'bout his allus a hangin arter Mis' Grigs, kase they 'thot 'twusn't es much *her* he wus arter es her farm. An' thet he'd better clar off cleen outen the settelmunt ontell the talk blowed over an' then ef he'd com' back an' keep more ter hisself *mebbe* he'd be es much thot uv es ennybody. An' Lishy sed he wus obleeged ter the naburhood fur a takin' sich intrust in his affairs an' ter Becky fur a puttin' herself out so much on his 'count, but ever'body wus mistuk, him a havin' sich a monstr'us good farm o' his own back in Tennysy 'twusn't likely he'd be arter nobody else's. "Then ef 'taint the farm ye're arter *'tis* Mis' Grigs," sez Becky. An' he sed what he wus arter didn't consarn nobody but hisself, thet him an' Mis' Grigs hed both arriv' et the age o' matoority an' non' o' the naburs needn't bother therselves ter act es ther gyardeens. An' he tole Becky he 'low'd her intenshuns wus good in a makin' uv herself a mouthpeece fur the naburs an' sense she'd bin so free in expressin' uv herself es ter what he order do, he'd jis win' up the convarsashun, thet hed alreddy lasted two long, by a tellin' her thet whatsomdever she mout do, never ter go 'roun' a givin' no older person no advice ontell she wus ax'd, kase 'twusn't no payin' bizness. By this 'ere time Mis' Suggs, heerin' the loud talkin', got oneesy an' com' out a bringin' Mis' Grigs wi' her an' foun' Becky in sich a sulky 'umor she wudn't scursely speek ter nobody, but a makin' her mother mount they rode off ter Ben Jones'es.

Becky wusn't no wiser'n when she com' an' nobody never know'd what she reported ter Mis' Ben Jones, but frum thet ar time thar wus allus a coolness twixt 'em an' Mis' Ben sed she 'low'd Becky wus a workin' on her own hook, an' a havin' sot her cap fur Dave she didn't want no stepdaddy over him. Ennyhow Mis' Ben's meddlin' started up the vary mischeef she wus a tryin' ter purvent, kase arter Becky an' her mother wus gone, insted o' follerin' Mis' Grigs inter the house an' a gittin' lite on a pint u' doctrin' thet was a trubblin' uv him, Lishy he went off inter the fiel' wi' Dave an' tole him 'tud be a pitty ter bother his mother 'bout thet ar Becky'd sed an' he wus a gwine ter keep hisself more wi' him an' Nate in futer, an' they'd jis cloge tergether agin the meddlers o' the settelmunt an' show 'em they wus capabel o' managin' ther own bizness, an' purty soon thar'd not be enny more specoolatin' on wor'ly things when he got up ter exort, but ever'body ud settel therselves down ter a lis'nin an' a bein' profited by the truth. Dave hed bin monstr'us well pleesed wi' the way Lishy'd anserd

Becky an' shot up her mouth an' frum thet ar' time drop'd all his prejudices agin him an' fell in wi' all he sed. 'Twusn't long 'fore Lishy'd made hisself so agreeabel ter the boys, allus a showin' uv 'em new ways ter work an' sometimes a takin' holt an' a helpin' uv 'em, thet when he didn't com' ter them they went arter *him* an' all got ter be monstr'us good fr'ens. An' Lishy tole Mis' Grigs ef he didn't live so fur he'd com' ever' nite an' larn the boys ter reed. An' then he wus ax'd ter com' an' occerpy the ole caben an' have his meels wi' the fam'ly. Then 'twus plane how things wus a gwine ter turn out. Tobe Jones sed, " Ant Ferreby'll jis hev ter marry ole Lishy Menden'all ter git rid o' him!" An' shore nuff, one Sundy in October arter surcit preechin' (by Joel Tomson thet hed jined konference) when Lishy an' Mis' Grigs stud up on the flore an' wus purnounced man an' wife fokes sed they 'low'd Tobe wusn't no false proffit.

XIV.

LISHY'S DOIN'S.

Ef Mis' Grigs (thet wus) ever repented o' her barg'in nobody never foun' it out, her not a bein' the kin' ter go 'roun' a talkin' uv her ole' man's fa'lin's tho' she must a know'd monstr'us well thet he hed 'em. But ef she wusn't sorry es much cudn't be sed o' her boys, kase 'fore a week arter the law made Lishy master o' the farm he tuk compleet perseshun o' ever'thing on the plaice, a managin' ter soot hisself, an' arter all he'd promised the boys an' ther mother 'bout bein' a good daddy ter 'em he turned out es severe es a overseer on a slave plantashun. In the fall arter the corn wus gethered he sot 'em ter a grubbin' an' a clarin' off a new peece o' groun' an' when thet ar wus don' he rushed 'em 'arly an' late a makin' rales ter fence it. The boys wus willin' ter work but when it com' ter a bein' druv frum mornin' ontell nite, hector'd an' domineer'd over an' begredged ever' minnit they tuk ter rest, 'twusn't in human natur ter stan' it an' they rebel'd. One day when Lishy'd bin harder 'n ever wi' 'em they flung down ther axes an' sed they'd don' ther las' lick o' work on the plaice. An' then es Tim Jones wus a gwine ter start in a few days ter Tennysy fur his wife's sheer o' her daddy's estate the boys pursuaded ther mother ter let 'em go on a visit ter ther gran'daddy Brown thet lived not fur frum Mis' Tim's kin an' wus monstr'us well off an' allus a sendin' word fur his gran'sons ter com' an' see him. 'Fore Dave left he kotch Lishy off by hisself an' hed a talk wi' him an' sed him an' Nate wus a leevin' fur good an' never 'low'd ter com' back ter bother him es long es he treeted ther mother rite, an' thet they wus a gwine ter hev spies a watchin' him, an' ef they ever got a hint o' his 'busin' ther mother they'd ride day an' nite ontell they got et him an' lick'd him in a inch o' his life. Lishy back'd off an a turnin' es pale es a sheet tole Dave he 'low'd he wusn't only a funnin' kase no boy o' his rasin' ud ever lay vierlent han's on his stepdaddy. Then Dave shuk his fist in the ole coward's face an' sed: "Yes I wud! Ef ye ever shud mistreet mother I'd lick ye ef ye wus a thousan' stepdaddys!"

Mis' Menden'all never know'd non' o' these 'ere fac's, but the boys tole Tim Jones ever'thing, an' he tole ther gran'daddy an' the upshot wus thet the ole man sent word ter Mis' Menden'all thet he needed the boys wus'n she did an' wus abel ter idicate 'em an' ud do monstr'us well by 'em in ev'ry way, an' so Tim Jones com' back by hisself. Lishy 'peer'd ter think rite smart o' his ole wummin an' know'd he'd got a good home an' a splendid housekeeper, an' ef he ever mistreeted her it never leeked out. He didn't seem ter miss the boys non' nuther, the work a gwine on jis' the same an' purty soon thar wus a grate change in the Menden'all place, es 'twus now call'd. The ole fences wus all stake an' rider'd, new cross fences wus made an' more cribs an' stabels bilt an' ever'thing in tip top order. An' Lishy's fust crop o' corn made the ole settlers open ther eyes, its a gwine a long ways ahe'd o' enny thet hed ever bin ra'sed by them an' no wunder. The groun' wus plow'd an' harrowed ontell it wus monstr'us meller an' then planted an' 'tended so's ever' lick ud tell. Lishy hed all the help he wanted 'thout a workin' hard hisself, wi' his han's, but his he'd mus' a bin kep' bizzy a plannin' uv it. An' this 'ere wus the way he kontrived. New settlers wus a comin' inter the kuntry monstr'us thick, som' uv 'em a stoppin' et his plaice mos' ever' nite. He smooth'd off a peece o' clabbord an' painted these 'ere words on it in big letters: "ENTERTANEMENT FUR MAN AN' BEESTE," an' na'led it up on ter a tree whar ever'body thet com' long the big rode cud see it. An' tho' thar wus monstr'us few o' the movers thet cud reed a word, they all know'd when a sine wus up it ment a tavern an' they'd hev ter pay ef they stop'd thar. Munny wus so skurse them days rite smart hedn't nuthin' ter pay wi' an' ef ther animals wusn't fagg'd out they'd push on ter nex' settelmunt. But ef they *hed* ter stop Lishy ud set the men fokes ter a workin' on whatever he hed onder way an' ud insis' on

Mis' Menden'all's findin' somethin' fur the wimmin ter do, an' he'd take the chillern in han' an' make 'em pull burs outen the manes an' tales o' the critters he wus a gwine ter use, ur ter a pickin' up chips, ur ter a mindin' off the calves when all han's wus a milkin', a sayin' 'twus wicked ter bring chillern up in idleness — whech thar's no denyin' uv. An' ef the movers didn't want ter work, an' hedn't no munny, Lishy'd sarch 'roun' 'mong thar traps ontell he foun' somethin' he 'low'd cud be spar'd an' putt a price onter it an' swop it off fur work when he got a chance; an' in a yer or two he hed a big collecshun o' odds an' eends in his smokehouse, besides what he'd got red uv, sich es ropes, straps, ole hoss collars, tar buckets, snake whops, pots, skillets, an' a lot more sich tradin' stock lade up fur the nex' spring.

Mis' Menden'all's two fust ole men hed bin monstr'us free wi' ever'thing on the plaice an' never thot o' chargin' poor movers fur nuthin', an' Mis' Menden'all hed follered ther example. An' now 'twus whisper'd 'roun' 'mong the naburs thet she didn't fall in wi' Lishy's way, but never let on, an' allus slipp'd inter the waggins o' the poor movers, rolls o' butter, corn meal, taters an' cabbage when she hed a chance, an' giv' 'em cloes when they 'peer'd ter be a sufferin' wi' the cole, a keepin' things purty well even'd up arter all. Lishy wus abel ter turn his han' ter all kin's o' work an' sot up a blacksmith shop an' started a tan yard an' traded fur a shoemaker's kit an' som' carpunter's tools an' in winter wus reddy fur all sorts o' jobs not sooted fur summer, so's no time wusn't lost. An' tho' he hed so menny ierns in the fire I never heern o' non' a gittin' burnt, kase he contrived so well, a swoppin' work es well es traps. While a farmer wus a plowin' fur him he'd fix his plow, ur shoe his critter, ur mend his shoes, but 'twus sed he hel' hisself thet deer the work on tuther side allus hed ter be rite smart more'n dubbel. Tuther Tennysy fokes didn't want ter own Lishy an' sed more'n likely he wusn't nuthin' but a skin flint Yankee, thet hed bin a overseer in the south an' larnt ter talk like the Tennysceans an' wus now a pammin' hisself off fur a good "Jake" es they call'd therselves. But arter while fokes moved in from North Car'liny thet know'd som' o' his kin an' they sed his gran'daddy Menden'all hed fit the British et Moore's Crik, a gittin' wounded, an' a drawin' a penshun an' thet Lishy's daddy hed moved off ter Tennysy when he wus a boy an' thet ar settled it. But I reckon nobody aint never bin born'd inter this 'ere sinful worl' 'thout some redeemin' trate, ef it cud only be foun' out, an' Lishy hed his'n; fur while he wus so monstr'us clost an' exactin' wi' well fokes he don' what he cud fur sick ones. An' ef thar wus ever enny ailin' ones 'mong the movers Lishy'd take a site o' panes in a dorgnosen ther cases an' also in a findin' out what wus the matter wi' 'em. An' he'd hev Mis' Menden'all bile up a lot o' yarbs, boneset, black root, yaller puckoon, ur whatever he 'low'd they needed an' giv' the medicin' hisself an' watch the effec's monstr'us clost. An' whendever he heern o' sickness in the naburhood he allus went an' sot by the bedside part o' ever' day ur nite 'peerin' ter be a studyin' inter the natur o' the diseese. Som' sed not a havin' trades nuff alreddy he wus 'lowin' ter set up fur a doctor, an' thet he hed a monstr'us big book, wi' all sorts o' quar receets, fur a treetin' an' tendin' sick fokes sot down in print, thet he tuk ter reedin' more'n his Bibel. An' ef thar wus de'th he wus monstr'us free wi' his advice 'bout ever'thing an' ud even foller the men fokes thet went ter dig the grave an' stand over an' order 'em roun' 'thout ever a doin' a lick o' the manooal labor hisself, jis a savin' up fur a long winded exortashun et the berryin' thet flung Ole Daddy Suggs'es remarks cleen inter the shade.

Nex' yer arter Lishy com' ter the settelmunt the men fokes tuk a noshun ter fix up the graveyard so's 'twudn't look so lonesom' an' neglected like. 'Twus sitooated in a monstr'us purty grove 'bout a mile frum the Menden'all plaice clost ter the big rode on the way ter the Forks. The fust grave wus Ransom Brown's, jis' on the spot whar the Injuns kill'd him, an' all thet died in the settelmunt wus lade thar, an' a rite smart o' movers hed left fr'ens in this 'ere las' restin' plaice an' jurney'd on furder ter fin' new homes fur therselves. An' tho' thar wusn't nuthin' ter mark the graves, only littel peeces o' onpainted palin's et the he'd an' feet, narry one hedn't never bin lost, kase Mis' Menden'all allus tuk her boys an' went an' watch'd over 'em part o' ever' Sundy when the we'ther wusn't too onplesant an' kep' all ther names an' dates o' ther de'ths an' whar they b'longed, in her he'd. An' when the men hed cl'ar'd off the onderbresh an' fill'd up an' rounded over all the sunk-in plaices, Mis' Menden'all com' an' pinted out the def'rent ones an' hed bo'rds wus letter'd off wi' the'r names an' the time they'd bin tuk outen the worl', an' putt et all the graves. Lishy'd don' the bigges' part o' the letterin', his work a bein' mos' ekal ter print, an' arter the tuther names wus finish'd he tuk two wide bords an' made a roun' peece et the tops wi' a sharp drawin' knife, an' painted 'em black an' letter'd one: "Here lize Ransom Brown kill'd by Injuns," an' tuthern: "Here lize Joshua Grigs tuk off by pided fever," an' putt 'em et the he'ds o' Mis' Menden'all's two fust thet lay thar side by side. Som' sed Mis' Menden'all jis beg'd Lishy ter change Josh Grigs'es, never a havin' bin shore his diseese *wus* pided fever, but Lishy sed, "Sis," allus a callin' her thet ar fur short kase he'd fust sed "Sister Grigs," an' toned it down inter "Sis," never a bein' abel ter abide the name o' "Ferreby," "Sis," sez he, "'cordin' ter what I've heern frum som'body on the spot et the time, thet wusn't flustrated, es you'd naterally a bin, an' its agreein', pine blank, wi' certing simtums lade down in the book, my 'pinyun is 'twusn't nuthin' else *but* pided fever;

the book calls it 'spotted fever,' but pided's a handier word!" 'Peers like Mis' Ben Jones wus lis'nin' 'roun' an' heern him say this herself an' then went an' tole tuther fokes thet whatsomdever she hed agin Brother Menden'all afore ud be overlook'd, kase he'd show'd the rite sperrit 'bout his purdecessers an' thar wusn't no tellin' what his tem'tashuns mout a bin wi' fokes a hangin' roun' him a makin' out they wus monstr'us anx'us ter heer him reed outen his testamunt, an' the bes' improv'd farm on the north side a layin' thar all reddy fur him ter step inter an' manidge 'cordin' ter his own noshun.

XV.

OUR MEETIN' HOUSE.

Arter Lishy Menden'all sot up his tavern he begun ter fling out broad hints 'bout its bein' ruther two much fur him ter hev ter feed a 'hole meetin' ever' Sundy, sense he wus a takin' in strangers reg'lar fur pay. Then father got a rite smart o' the meetin's hel' et our house, but a good menny grummel'd 'bout its not a bein' sentral an' 'twus tho't the settelmunt orter hev a meetin' house, an' the men all com' tergether ter talk it over an' deside whar ter putt it. Father purpos'd thet they b'ild it in the same grove wi' the berryin' groun' an' ever'body fell in wi' the idee. No time wusn't lost in a gittin' out the logs an' 'twusn't long 'fore they wus reddy an' men com' frum fur an' nigh ter help wi' the ra'sin', an' the wimmin fokes a bringin' a plenty o' vittals cooked, an' a makin' a fire an' bilin' coffee fur the dinner an' thar wus a big time. Father, Jont Wilder, Seth Williams an' Tim Jones wus sullected ter carry up the four korners o' the meetin' house an' 'twus kunsidered a high 'onor an' they don' the work monstr'us well. An' then they all tuk holt an' putt on the rufe an' fix'd poles crost an' pegg'd 'em down ter keep the bords frum a blowin' off in a high win', an' lade the flore an' b'ilt a big chimbly on one side an' saw'd out a log on tuther'n fur a long winder an' made a dore an' a lot o' punchin benches. An' while som' wus a doin' this 'ere work tuther'ns wus a chinkin' an' a dobbin' the house an' in a 'mazin' short time all wus reddy fur meetin' an' when surcit preechin' time com' 'roun' in June the 'hole settelmunt wus thar an' I don't 'low a prouder lot o' fokes cud a bin foun' nowhars. An' they all com' in ther best, but ther best wudn't be kunsider'd much these times, mos' ever'body a bein' in homespun ur som' ole fin'ry cleen outen date an' all the chillern barfooted. Som' o' the older uns hed started barfooted an' pack'd ther shoes an' stockin's ontell they wus in site o' the meetin' house an' then putt 'em on. A rite smart wore mocassins made o' buckskin thet wus lite an' handy but wudn't stand hard usage. We hed a site o' monstr'us purty gals et our meetin's an' a lot o' yung men frum tuther settelmunts got ter a comin' reg'lar ever' Sundy an' 'mong 'em wus Josiar Simson thet hed got home som' time afore from the plaice whar he'd bin skuled an' wus sot up in his littel store et "The Forks." He'd com' back wi' a reg'lar ole Virginny strut a holdin' his hed thet high in the ar Tobe Jones sed he 'peer'd ter be allus a lookin' up arter bee trees an' ef he didn't stop it an' look down onct an' awhile he mout git snake bit. Som' o' tutherns sed he acted es ef he'd purempted all our eend o' creation an' 'twus only on 'count o' his forbarence the balance o' us fellers wus 'low'd ter live thar. Whatsomdever our yung men thot, he wus monstr'us pop'lar wi' the fair sect an' mos' fokes wus uv the 'pinyun thet he cud a hed his pick uv 'em enny day. Fur my own part I never cud abide Josiar Simson's looks nur his pullaverin' 'roun' the gals, but ever'body ter ther own taste. An' nobody liked the way he brag'd 'bout a comin' frum one o' the fust fam'lys o' Virginny, a sayin' he'd hunted up his pedigree an' 'twus in a strate an' direc' line frum Pokyhuntis herself. An' Tobe Jones sed ef Josiar wus part Injun he orter be reddish like an' not so monstr'us black an' allus spoke uv him es "Poky Simson" an' tried ter git som' o' us tuther fellers ter help flout him, but nobody'd do it, kase in spite o' his high an' mity way o' steppin' 'roun', Josiar wus allus middlin' perlite when he actooally run agin a body. Tobe hed his own reesons fur not a takin' ter Josiar, kase they wus both a makin' up ter Zurrildy Prigmore thet wus well off, a havin' fell air ter all her granny's househol' utenshils an' wus abel ter set up in housekeepin' 'thout no help, nur skimpin' when the rite un com' 'long. An' she wus thot a good match fur ennybody an' 'twusn't ter be wonder'd et thet she wus eyed et meetin' by all the yung fellers o' the settelmunt. Can't deny thet I didn't look her way, sometimes, musself, 'fore preechin', jis' ter see whether she hed enny other attracshuns besides the propety. An' onct I kotch her a peepin' et me frum onder her sunbonnet an' it flustrated me so I level'd my eyes on the preecher an' never ventur'd ter look et her agin. Not thet I'd don' no harm, but my shyness made me hev a gilty feelin' an' 'twus a monstr'us thing fur me ter ketch a gal's eye. I ust ter want ter look et Sally Ann Jones thet wus one o' the purtiest gals o' the 'hole naburhood an' ud a giv' rite smart ter a had a glimpse o' her brite eyes an' rosy cheeks when the ruffled aidge o' her white sunbonnet wus turn'd my way, but my kurridge never riz ter thet ar pint an' I only looked outen the korner o' my eyes. But arter a findin' out thet her an' Wesly Suggs wusn't a thinkin' 'bout nobody but therselves I wus monstr'us glad my bashfulness'd kep' me frum a bein' Sally Ann's secant fiddel. Tho' so feerd o' the fair sect musself, it don' me good ter see bolder fellers a sidlin' up ter the gals twixt meetin's an' a gullantin' uv 'em backards an' forrids ter the spring et the bottom uv the hill, two an' two, a holdin' han's 'fore fokes, but thet wus allus arter they wus promis'd an' sometimes they'd walk roun' in the berryin' groun' a talkin' low an' a tryin' ter spell out the letters on the wooden he'dbords. Mos' o' the fellers hed ther critters traned ter carry dubbel an' jis 'fore sundown arter evenin' meetin' wus over these 'ere uns ud ride up ter stumps whar ther gals wus a standin' a watin' fur 'em an' take 'em up an' canter off home. I'd a giv' rite smart ter a bin abel ter foller this 'ere exampel musself, but I wusn't 'thout comp'ny. Thar wus two ur three o' the tuther'ns no better off fur kurridge 'n me, an' we allus walk'd roun' tergether ur sot on logs an' spec'lated on the prospec's o' them es gullanted the gals a tryin' ter calc'late who wus likely ter com' out ahed. Som' thot Josiar Simson's chance wi' Zurrildy 'peer'd ter be better'n Tobe's arter he got ter a makin' trips hisself ter Pawneeville wi' his marketin'; kase he'd com' an' putt up et ole man Prigmore's over Sundy, on the way, a fotchin' his good cloes 'long fur meetin'. An' he'd start off 'arly Mondy mornin', an' com' back agin thet fur wi' his murchandise, a Satturdy nite, all reddy fur nuther Sundy wi' Zurrildy, sorter combinin' bizness wi' plesure. Tuther'ns sed Tobe made up fur this 'ere in the week, a slippin', over mos' ever' nite ter hev a chat wi' Zurrildy a gittin' so fur ahe'd Josiar hed all his courtin' ter do over agin ever' Sundy, sorter gwine one step forrids an' two back'ards, an' thet 'twudn't be surprisin' enny Sundy ter see thet Tobe Jones hed com' out ahe'd an' him an' Zurrildy a walkin' han' in han', but she jis hel' 'em both et arms lenth fur a long time.

Tobe wus a likely yung feller, monstr'us good natur'd an' a runnin' over wi' his funny jokes an' him an' Zurrildy'd allus bin good fr'en's. Josiar he wus a tradin' critter, boun' ter be rich som' day, fokes thot, an' squar' in his deelin's, es fur es know'd, tho' never failin' ter exac' his jest dews. 'Twus sed he giv' monstr'us good wate, tho', an' sense he'd tuk the store a dollar's wuth o' coffee went furder'n a dollar'n six bits wuth when ole man Simson wus a sellin'. Wi' two sich strings ter her bow, no wunder Zurrildy hel' hersel so monstr'us deer, an' in no hurry ter make a choice an' send one o' her follerers off arter som uther gal.

XVI.

BLAZES AN' THE POST OKE FLATTERS.

'Peers like in this 'ere worl' things can't go on harmon'us vary long 'thout somethin' a hap'nin' ter onsettel 'em. Arter the north side o' the purrary got ter takin' a site o' satisfacshun a comin' tergether Sundys inderpenden' like, ever'body a bringin' ther own dinners, the Post Oke Flatters they lade off a race tract clost ter the Lone Sicamore, not more'n two mile frum the meetin' house. An' 'twusn't no use ter try ter hender 'em, nuther, kase ever' bit o' the purrary wus Congres' land 'cep' whar two ur three farms run a littel peece down inter it. An' ever, Sundy in good wether, the Flatters ud hev ther races a gwine on, whech was bad nuff but 'twus a site wuss when they tuk ter a waylayin' our yung fellers on the rode ter meetin', ef they rid fast critters, an' a banterin' uv 'em fur a race. One Sundy I started on ahe'd o' our fokes, es usooal, an' a canterin' 'roun' a bend in the rode, com' onter a passel o' the Flatters, musself, an' one uv 'em mounted on ther brag racer sed he'd like ter try his critter's speed agin mine on a ha'f mile stretch. 'Thout a stoppin' ter make no talk nur argymunt agin sich weekedness I broke inter a gallup an' wus outen site in no time, a havin' the fines' an' fastes' piece o' hossflesh in all the kuntry roun', an' the Flatters they know'd it. My critter wus a monstr'us likely ches'nut brown filly wi' two distinc' littel white blazes in her forrid, one 'bove tuther'n, an' frum these 'ere marks she got her name. She hed a long, slim body an' trim legs an' her skin wus shiny es sattin. I wus monstr'us proud o' Blazes, tho' she'd bin a site o' trubbel ter me 'fore I got her broke, a bein' by natur the viciousest an' he'dstrongest critter I ever seed, but thet all com' o' her a bein' sich fine stock. Som' Kaintuck movers a gittin' behin' han' on the rode hed traded her ter Lishy Menden'all fur a song when she wusn't nuthin' but a scrawny, ganglin' colt an' when he sot out ter brake her she mos' broke his neck an' he swop'd her off ter father fur a gentle plow critter an' father give her ter me. Lishy'd tride ter brake her wi' a whop, but she bit an' tore an' kick'd an' show'd sich sperrit whendever a whop wus rased thet I never used one in a tamin' uv her, but jis' hed patien's an' talk'd ter her an' petted her like a chile ontell she know'd my voice an' ud foller me 'roun' like a dog an' nicker whendever she seed me a comin, 'peerin' ter hev more sense'n a site o' fokes I've know'd in my life time, an' es fur a beetin' or 'busin' Blazes, I'd es soon thot o' strackin' a wummin. Arter she wus well onder control I larnt her a site o' tricks, ter stan' on her hine feet an' then ter lie down, in a secant, an' I'd start her off wi' one signal an' stop her short wi' nuther an' fur her highes' speed ud giv' a long, s'rill whis'le, when she'd go mos' like a streek o' litenin'. An' I practised jumpin' her over high logs an' fences ontell she cud spring like a cat, me a balencin' an' accommodatin' musself ter all her movemunts es esy es ef she'd a bin on level groun'. Father'd larnt all his boys ter ride bar'back, a standin' up ur a settin' down es soon es they cud hang onter a critter, an' ter shin up the highes' trees, so they all grow'd inter activ' men.

Well, 'twusn't long 'fore Blazes more'n pade me fur all my trubbel by a gittin' me outen a monstr'us ticklish scrape, an' arter thet I'd a scorn'd an' hated musself, everlastin'ly, ef all the munny in the worl' cud a tempted me ter part wi' her. 'Twus this 'ere way: One nite our cattel com' up wi' a fine heffer missin', an' nex' mornin' I got onter my filly an' hunted high an' low thru the aidge o' the timber roun' a littel neck o' purrary, whar our stock ranged, 'thout a seein' nuthin' o' the stray, an' then struck out inter the main purrary, a hopin' ter fin' her 'fore she fell in wi' the Flat cattel on tuther side. 'Twus mos' like huntin' a needle in a haystack, the long, dry grass a bein' thet high 'twus sometimes cleen over the top o' my he'd an' me on my critter. I follered 'long branches an' by littel paths the cattel'd made a gwine fur water an' 'bout a hour by sun com' onter fresh tracts an' then lost 'em agin in a swamp an' wus a ridin' 'roun' the aidge a lookin' monstr'us clost a tryin' ter fin' whar they com' out, when a happenin' ter rase my he'd, I seed a black colum' o' smoke a rollin' up on the Post Oke Flat side. A rank gro'th o' dry grass an' rosem weed kiver'd the purrary an' I know'd thar wusn't nuthin' ter do but ter set fire agin fire by a burnin' off the grass on the win'ard side an' putt my han' quick inter my pocket fur my flint an' tinder, but they wusn't thar. In my hurry ter be off I'd left 'em in my tuther weskit, an' wus now exposed ter this tremenjus danger an', es I thot et fust, wi' no chance ter escape, then I ricollected Lishy Menden'all's plow'd fiel' an' he'ded Blazes in thet ar direcshun an' giv' my whis'le fur her highes' speed. 'Peerin' ter onderstan' she stretch'd out her long legs an' tore off a cuttin' her way thru the long grass, a mountin' over gopher hills an' a plungin' inter swamps, sometimes a mirin' ter her knees, but allus a respondin' ter my whis'le an' a comin' out wi' a big lunge. The purrary wus a burnin' slow an' we wus a makin' good time when all uv a suddent the win' shifted roun' behin' the flames an' brung 'em on like a harricane. Es fast es we run they com' faster an' my filly, tired out an' a pantin' es ef she mout drap enny secant. I cud feel the hot a'r an' the smoke wus a suffocatin' an' a blindin' me so's I cudn't see whar ter steer, an' I flung the bridel onter Blazes' neck an' laid down an' patted an' talk'd ter her an' then rallied all my stren'th fur one big whis'le thet 'peer'd ter putt new life inter the pore thing an' purty soon she made a flyin' leap, a landin' uv us safte an' onsinged fur over inter Lishy Menden'all's plow'd fiel', the flames clost arter us a ketchin' the dry fence rales an' a burnin' 'em like tinder. Lishy hed com' out wi' Mis' Menden'all an' a passel o' movers ter fite the fire an' save the fence, ef possibel, an' hed drug rite smart o' the rales inter the fiel' an' 'twusn't nuthin' but providenshal thet me an' Blazes didn't com' onter som' uv 'em, the neerdest not a bein' twenty yards off. They wus all thunderstruck ter see me a flyin' outen the jaws o' de'th an' destrucshun, thet a way, an' gether'd roun' kase 'twusn't no use ter fite the fire no longer. The story o' my muraculos escape soon got 'roun', an' 'twus giv' up thet I ow'd my life ter the speed o' my critter an' arter thet the Flatters was allus a sendin' somebody ter ax on what sorter turms I'd trade 'em Blazes, but they'd never challunged me ter race her ontell thet ar Sundy. Nex' time I went ter mill Bird Wadkins an' Hank Smith 'pologized an' sed they wus monstr'us sorry som' o' ther chums hed bin arter me ter race my filly a Sundy, when they know'd 'twus agin my principals. An' then they ax'd ef I wudn't let somebody else ride Blazes agin one o' ther fastes' critters jis ter try her speed an' hev a littel fun, an' thar shudn't be no bettin' nur nuthin'. I giv' 'em a short ans'er an' walk'd off an' then they got mad an' sed they didn't b'leeve Blazes wus fast nohow, an' I know'd she'd git beet an' thet me an' all the balence o' our settelmunt fokes thot ourselves monstr'us good sense we'd got a meetin' house, an' ef I wus too pi'us ter race they wonder'd why I didn't change my critter's name, thet ever'body know'd wusn't nuthin' but a sw'ar word nohow an' a sly way I hed o' braggin'. Then arter circoolatin' ther jug 'roun' awhile they com' an' banter'd me fur a fite, an' me a gittin' outen the way they eended up wi' a bloody pitch battel 'mong therselves.

Not long arter my skurmish wi' the Flatters me an' father went off on a big hunt, a leevin' Jim ter take keer o' the stock an' ter ride Blazes ever'day, her a bein' thet full o' life a littel rest made her monstr'us flisky. The fust time I rid her arter a comin' home her acshuns wus thet quar I didn't know what ter make uv 'em, her a startin' off on a de'd run ef arry uther critter com' up behin' her, 'thout no signal nur nuthin', an' mos' a pitchin' uv me he'dformos' frum the saddel. I tuk Jim ter task an' ax'd what he'd bin a doin' wi' Blazes ter make her ak thet a way, 'thout a gittin' no sorter satisfacshun outen him. I jis' hed ter go ter work an' brake my filly over agin an' made up my min' ter turn her inter the pastur' nex' time I went a huntin' ruther'n let Jim han'le her agin. Not long arter this 'ere me an' father an Ole Daddy Suggs wus a gwine home frum a house rasin' long wi' Jarve Wilder an' he tole us our Jim an' Simon Suggs hed bin a racin' Blazes an' the ole gray agin the Post Oke Flat critters an' the Flatters wus a makin' ther brags over a gittin' y'ungsters frum two o' the strictes' fam'lys in all the settelmunts onter ther side. Ole Daddy Suggs look'd es ef he mout tummel offen the ole gray when he heern it, an' went a groanin' all the way home an' 'peers when he got thar he tuk Simon off by hisself an' pray'd over him an' never giv' the boy no peece ontell he wus tuk in et the nex' surcit preechin', but things went ruther def'rent wi' our Jim. A afful look com' over father's face while Jarve wus a talkin' but he never open'd his mouth ter speek ontell we got home, but sot up strate an' struck out rite an' left wi' his cowhide, a startin' his critter an' Blazes inter a gallup an' a leevin' tuther'ns a long ways behin'.

'Twus pitch dark when we reeched our place an' arter our critters wus putt up father went ter the smokehouse shed an' felt 'roun' ontell he foun' a big snake whop wi' a monstr'us he'vy han'le an' we started fur our door, thet wus a standin' wide open. Mother wus a stoopin' over the fire wi' her sunbonnet on ter purtec' her face frum the heet. Jim wus a settin' in a corner a facin' our way an' 'peer'd ter know by father's looks an' the whop in his han' thet he'd bin foun' out, fur he riz an' back'd agin the wall, an' then father step'd over the sill an' hel' the whop high in the a'r an' jis' roar'd out: "So you've bin a hossracin', hev ye?" "Le' me explane, father," sez Jim, a flingin' up both han's ter keep the whop outen his face. "Explane!" storms father, "Did ye race Blazes wi' the Flatters?" "Yes, father," sez Jim, "but I hed ter!" "*Hed* ter?" sez father, mos' black in the face, es he brung the whop down he'vy onter Jim's shoulders. "Git down on yer knees an' ax Jack's parding!" Jim started my way wi' a monstr'us pitiful look, whech instid o' makin' me hev murcy on him only roused all the fury in my natur ter the highes' pitch, fur I thot o' how he'd help'd the Flatters ter outdo an' humilyate me, an' I shuk my fist et him in scorn an' hate. An' then he straten'd hisself up an' sez: "Ye may kill me, father, but I *wont* never kneel ter him!" Dunno but he mout a bin tuk et his word (fur father swung the he'vy eend o' the whop 'roun' ter strike him over the he'd) ef mother hedn't a kotch holt an' hung onter father's arm wi' all her stren'th an' a realizin' how matters wus a gwine I hus'led Jim inter the yard an' tole him ter make hisself scurse. Father shuk mother off an' sent her a reelin' agin the wall, but a seein' Jim hed disappeer'd he seem'd ter com' ter his senses an' a flingin' the whop inter the furdes' korner o' the room, mos' a hittin' our two littel boys thet hed bin woke up by the racket, he tuk a cher an' sot a lookin' inter the fire fur a long time 'thout a noticin' nobody. Mother got supper onter the tabel an' ax'd him ef he hedn't better set up an' take a bite, but he only shuk his he'd. I'd lost my appertite too, but tried ter eat ter pacify mother, but the vittals mos' choked me. A dark cloud wus a hov'rin' in the west when we got home an' by this 'ere time a big storm hed com' up wi' deefnin' thunder claps, the litenin' a flashin' inter the dore an' down the chimbly, a palin' the blaze o' the fire an' mos' a blindin' us, the he'vy rane drops sounded like hale es they fell on the rufe an' then it begun ter pore. Father never moved nur nuthin', but mother wus monstr'us oneesy, a gwine ter the dore ever' minnit or two, ter look out, an' all uv a suddent she kotch up Jim's cote an' a throwin' a ole shawl over her he'd rush'd out inter the storm. When she com' back father'd gone ter bed 'thout a word ur 'peerin' ter notis' she wusn't thar, an' she whispers ter me, "Jack, sleep down here!" An' long arter midnite when the fire'd burnt low, an' all wus still, I heern Jim open the dore an' slip up inter the loft. For more'n a munth he never sot down ter the tabel wi' the balence an' father never notic'd him nowhars, 'thout 'twus ter order him ter som' kin' o' work, but he never wus sent offen the plaice on no arrant. News o' the racin' spred thru the settelmunt ontell 'twus in ever'body's mouth an' Jim wus look'd down on an' shun'd ever'whars, even when he went ter meetin'. He'd allus bin a fr'en'ly, kin'-harted feller, wi' a ple'sant word fur ole an' yung an' wus a gin'ral fav'rite, an' now it mus' a bin purty hard fur him ter git nuthin' but glum looks whenever he spoke. But arter a findin' out how he wus a gwine ter be treeted, Jim hel' his he'd monstr'us high an' kep' ter hisself, never a speekin' ter nobody nur a givin' nobody a chance ter speek ter him ef he cud help it. Lishy Menden'all hed bin the fust ter shet up Jim's mouth. In pint o' fac', he never wanted nobody ter talk but hisself, an' orter a bin satisfide wi' Jim's silence, but cudn't stan' his a puttin' on injur'd an' inderpenden' a'rs when he orter a look'd dejected an' onder the wether. An' so one Sundy when Jim wus a settin' off on a big log by hisself, 'twixt meetin's, Lishy went up an' let out on him. 'Peers thet he begun by a tellin' him he wus a disgrace ter his ra'sin' an' wus a bringin' the gray ha'rs o' his parients down in sorror ter the grave, tho' ter Jim's certing nolledge narry one uv 'em hedn't a single gray ha'r in ther he'ds et thet ar time. Lishy's loud talkin' soon draw'd a crowd 'roun' ter lis'n an' then he jis' ranted an' tiptoed an' sed Jim wus a everlastin' disgrace ter the settelmunt two, thet hed allus prided itself on its morel yungsters an' thet he hedn't only gon' off inter infamus weekedness hisself but hed tuk the innercent son uv a preecher o' the gorspel 'long wi' him, an' thet ever'body orter keep ther boys 'way frum sich a danger'us caracter. Et this 'ere Jim riz an' tole Lishy his sarmint wus a gittin' ruther too long winded an' he'd better let up, thet he 'low'd *his* acshuns hed bin a gwine on middlin' well es his stepsons, Dave an' Nate Brown, hedn't bin call'd on ter com' back an' look arter him, an' wi' thet ar he walk'd off a leevin' Lishy fur'os. 'Twus a pitty he tuk the ole ranter down, thet a way, kase Lishy sot all the fokes agin him wuss'n ever an' they all thot he orter be watch'd clost an' thet he wusn't fit ter 'sociate wi' nobody but the lowlife, desprit Flatters.

XVII.

CAMP MEETIN'.

The nex' yer arter we got our new meetin' house bilt a yung preecher nam'd Paul Wheelrite com' onter the surcit an' he made things monstr'us lively wharever he went, never a bein' know'd ter ondertake nuthin' 'thout a puttin uv it thru wi' a rush. 'Peer'd like nuther man nur the cluments cudn't stop Paul when he onct got his he'd sot. I've know'd him ter swim his critter crost Littel Muddy when 'twus a boomin' wi' a freshet an' more'n a quarter uv a mile wide ter keep a 'pintment an' reech the meetin' house 'fore ennybody else an' go inter the pulpit wi' his cloes a sokein' wet ruther'n keep the fokes a watin'. An' *when* he preech'd, laws a massy! ye jis' know'd he b'leeved ever' word he sed, es ef he'd witnessed all the grate murracles hisself an' ef a body lis'n'd long nuff they wus jis boun' ter b'leeve two, willin' ur tutherways, fur ef he didn't know human natur thar aint no use a talkin'. Paul wus the fines' specumen uv a man I ever seed, a standin' more'n six feet in his boots an' broaden'd out wi' solid mussel like a yung Hurkillus. Well, the fust time Paul com' ter preech in our meetin' house, he tuk in all the nateral advantages o' the surroundin's an' wus struck wi' the noshun uv gittin' up a camp meetin', an' a callin' a passel o' the oldes' purfessers tergether, he sez: "Brethering this 'ere's 'bout the purties' grove I ever seed an' thars thet never falin' spring monstr'us handy an' 'peers ter me we orter go ter work an' hev a camp meetin' an' bring all the settelmunts fur an' nigh tergether an' I b'leeve a power o' good ull be don'!" The words wusn't scursely outen his mouth 'fore ever' blessed sole jump'd unanimyus et the idee an' pledg'd therselves ter hev ever'thing reddy by the fust full moon in September an' the camp meetin' wus actooally giv' out thet vary day, an' brite an' arly a Mondy mornin' a passel o' men begun ter clar off the grove an' trim up the trees an' runners wus sent ter see what tuther settelmunts ud do. Som' objected ter axin the Post Oke Flatters but Ole Daddy Suggs sed it 'peer'd a monstr'us pity ter leeve out them thet needed meetin's wust uv all an' ef nobody keerd he'd drap 'em a line an' send it by som' passer by; but 'twus 'greed thet non' o' the Flatters cudn't reed no ritin' ef they got it an' then Ben Jones he volunteer'd ter go hisself an' ax 'em es perlite es he know'd how. By Thursdy all the reports wus in an' a rite smart hed com' ter pick out plaices fur ther camps. The Tomsons went in strong fur the meetin' an' likewise the Jurdan's Mill Fokes. The Forks wus back'ard 'bout a campin', a sayin' they lived neerd nuff ter com' in ther waggins an' 'ten' meetin', all but Josiar Simson an' the

Briggs'es an' they 'low'd ter jine an' hev one o' the bigges' permunent camps on the 'hole groun', an' all the settlers scatter'd 'long Littel Muddy thet wusn't down wi' fever'n ager wus a comin' two Ben Jones hel' off wi' his report frum the Flatters ontell all o' tuther'ns hed bin heern frum an' then he show'd a big smooth peece o' clabbord wi' quar figgers, thet mout a bin ment fur som' sorter anumals a runnin' draw'd onter it wi' black fire coles an' sed the Flatters wudn't giv' him no an'ser when he went ter see 'em, but thet mornin' they'd sent Lem Tanksley over ter his house wi' this 'ere an' ter say thet non' o' the Flatters cudn't be spar'd ter go ter camp meetin' kase ther biggest hoss race wus ter com' off et the Lone Sicamore in the purrary the same Sundy; an' es they didn't want ter be outdon' in no purliteness they sent this 'ere invite ter the camp meetin' fokes ter turn out an' jine 'em.

The men hed all stop'd work an' gether'd 'roun' wi' ther axes an' grubbin' hose in ther han's ter heer the reports. 'Taint no use ter try ter discribe ther looks when Ben Jones stop'd a talkin' but they don' jestis ter the good cause they wus a gwine ter engage in by not a givin' vent ter ther outraged feelin's. Nobody spoke 'cep' Ole Daddy Suggs an' he only groan'd out: "A body wudn't a thot it!" an' in a minnit the hewin' an' choppin' went on lively es ever.

Nex' day thar wus a reinforcemunt frum tuther settelmunts an' the work went faster. Et one eend o' the grove they bilt a bord pulpit wi' a shed over it an' raled off a monstr'us wide alter in frunt, an' back o' thet wus two long rows o' benches, the eends a restin' on big logs, wi' a ile twixt 'em ter devide the fokes off, the men on the rite han' an' the wimmin on the left. Auger holes wus bored inter littel blocks o' wood thet wus naled agin the posts o' the pulpit an' onter a rite smart o' the trees. An' on the four inside korners o' the groun' wus platforms 'bout three foot high kiver'd wi' sod an' airth an' big piles o' dry wood an' kindlin' on top, all reddy ter lite up et nite, an' a space twenty foot wide wus left twixt the benches an' the camps fur waggins ter be druv thru when needed an' fur the fokes ter walk roun' when meetin' wusn't a gwine on. The eend o' the grove on tuther side frum the pulpit wus left ter the meetin' house an' the berryin' groun', not ter shet off the dead frum the livin' an' the camps an' tents faced the remanin' sides wi' a few vacant plaices scatter'd 'long twixt 'em whar fokes hed druv stakes, 'lowin' ter keep ther waggins thar this yer an' bild 'em somethin' permunent in the futur'. Our camp an' Lishy Menden'all's stud on the southeast corner, clost ter the pulpit, an' wus bilt pine blank alike outen good an' substantool clabbords an' jined tergether, his'n a bein' on the outside. An' both hed a room purtishun'd off fur the wimmin fokes, wi' low bunks 'roun' the walls fur ther beds, but the men fokes wus all expected ter sleep on pallets made down on the straw in tuther room. Back o' the camps onder a perjectin' rufe, tabels wus made by a drivin' stakes inter the groun' an' a layin' long bo'rds eendwise 'onter 'em an' low benches wus made the same way all 'roun' 'em. Our pantry an' Lishy Menden'all's jined onder the shed, a shettin' off the view o' our tabels frum one nuther, but mother an' Mis' Menden'all cud be naburly an' holler back an' forth frum ther fires, whar they cook'd, thet wus made agin monstr'us big logs 'bout twenty foot back frum the camps. Me an' Tobe Jones don' the las' job, a sinkin' a sicamore gum roun' the spring an' a hangin' a crooked han'le gourd onter it, an' then ever'thing wus compleete.

The time fur meetin' roll'd roun' an' the fokes moved inter ther camps ur tents ur druv ther waggins inter the empty spaces an' begun ter putt things ter rites. Fires wus bilt, quilts an' blankets hung up fur dores an' plenty o' cleen straw piled onter all the flores, or ruther on the groun', kase the only bo'rd flore lade in the 'hole grove wus in the meetin' house. An' the alter an' all the spaces twixt the benches wus fill'd wi' straw, two, an' when ever'body'd got ther supper over an' ther beds fix'd fur the nite, the moon riz an' the big campfires an' can'les on the pulpit an' trees wus all lit, an' the horn thet wus hung frum one o' the pulpit posts wus blow'd fur meetin' ter begin an' yung an' ole flocked in frum all direcshuns a fillin' up the benches. An' som' o' the oldes' purfessers brung ther chers an' sot up clost ter the pulpit so's ter ketch ever'word an' be on han' ter jine in wi' ther "Amens." Thar wus a big row o' preachers in the stand. Paul Wheelrite, thet wus the fust man thet arriv' on the camp groun', he sot at the eend on our side an' nex' ter him Ole Daddy Suggs an' then Lishy Menden'all an' Joel Tomson, an' et the north eend o' the pulpit wus a new exorter Joel hed brung wi' him, kase he wus know'd ter be a 'hole teem by hisself. His name wus Noey Stubbles, an' he wus a long, slim man, monstr'us yaller complect, a bein' afflicted wi' the liver complante, an' his hed wus don' up in a red silk hankicher ter purtec' him frum the nite a'r, kase he tuk cole monstr'us e'sy. All eyes wus sot onter this 'ere new comer 'fore meetin' begun, an' the fokes looked es ef they tho't he mout do wunders. Tobe Jones, thet wus a settin' nex' ter me, giv's me a nudge an' whispers, "Jack, yaller leg chickens hes got ter roost monstr'us high when this 'ere exorter's roun' ur I'm mistuk in my man!" Et this 'ere I com' mite nigh a laffin out loud, but jis' then Paul Wheelrite he riz an' open'd up the meetin' a linin' off a him, in a voice thet cl'ar an' loud it mout a bin a trumpet a callin' ter battel, an' ever' voice thet cud sing a note responded. Lishy Menden'all pitch'd the chune an' led off on the tenur. Mis' Menden'all struck up on the tribbel an' a lot o' tuther wimmin fokes sung 'long on the aidge wi' her ontell she run two high, an' then let up an' jined in wi' Lishy. Josiar Simson carrid the baste, his voice a rollin' an' a mumblin' an' a reverburatin' like thunder. The bigges' part o' the men fokes started out wi' Josiar, but non' o' ther voices cudn't hole a can'le ter his'n an' when he went down two low fur 'em ter foller they broke ranks an' went over onter the tenur two, an' thet ar tickl'd Lishy monstr'us, kase he allus wanted ter be the bigges' leeder an' he swayed hisself back'ards an' forrids a keepin' time wi' his body an' a singin' es ef he'd split his throte.

When the him eended, preecher Tomson prayed an' then Ole Daddy Suggs got up an' sed he felt it ter be his solem' dewty ter rase his voice agin the de'dly sin o' hoss racin'; kase sense the Evil One hed putt his follerers up ter lay off ther tract an' git it inter runnin' order mos' in site o' the meetin' house, a temptin' the chillern o' prayin' parients ter jine 'em, he'd bin in grate trubbel o' sperrit by day an' his sleep wus offen distarbed by hijeus nite mares. An' then he fell two an' giv' the racers sich a scathin' fokes wus thunderstruck, kase he wus nater'ly so mile an' e'sy gwine; but his pluck hed bin roused monstr'us agin what he tho't mout leed our yung men ter ruin. All the preechers an' tuther purfessers uphel' him, a shoutin' out ther "Amens" thick an' fast, all 'cep' Lishy Menden'all an' he whisper'd ter Joel Tomson thet 'twus foolhardy an' danger'us ter tetch on thet ar subjec', kase som' o' the Flatters mout be roun' a evesdrappin'. Et las' Ole Daddy woun' up an' called on Lishy ter foller wi' a exortashun, thet orter a bin on the same subjec' ter clinch the argymunt, but when Lishy riz he jis' struck inter the middel o' one o' his ole Hard Shell sarmints, sing song an' all, 'peerin' ter a cleen forgot he wus a Methodis' exorter. An' him a gittin' more an' more flustrated ever' minnit, thar's no tellin' how it mout a turn'd out ef Mis' Menden'all hedn't a clar'd her throte monstr'us loud arter a hard fit o' coughin' an' thet ar brung Lishy ter a stan'still. An' arter a hemmin' an' a hawin' an' a snuffin' all the dip can'les in his reech wi' his thum' an' forefinger, he 'peer'd ter git som' lite on what he orter do an' then holler'd out a inderpenden' sorter harrang' et the top o' his voice, 'thout a tetchin' on a single pint o' Ole Daddy Suggs'es preechin'. When he stop'd sich a dum', wet blankety sorter feelin' purvaded the 'hole meetin' ye mout a heern a pin drap. An' then Paul Wheelrite's big form loomed up, 'peerin' ter fill the 'hole pulpit, an' he giv' out a sturrin' him, a pitchin' uv it hisself, tuther'ns a jinin' in, an' wi' the fust line ever'body wus lifted inter a def'rent atmospher' an' Ole Daddy Suggs, a bein' call'd on, got warmed up in one o' his ilokentest pray'rs an' mos' o' the preechers an ole purfessers got ter a prayin' out loud two, ur a hollerin' ther liveliest Amens, an' some o' the wimmin fokes shouted, the dampness a gwine offen thet ar meetin' like a fog when the brite sun busts out all uv a suddent. An' then Paul Wheelrite giv' out the rules an' regulashuns o' the meetin', a settin' off the north side o' the timber fur the men an' the south fur the wimmin, a makin' the devidin' line frum the spring ter the big rode. An' he sed the fust blowin' o' the horn in the mornin' ud be fur fokes ter git up an' nex' fur preechin', an' ever'body orter take holt wi' all ther faith an' work wi' all ther stren'th an' this 'ere camp meetin' ud do a power o' good now an' hev its effec' on ginerashuns ter com'. An' then he woun' up wi' a sorter prayer an' benedicshun, a axin' uv a blessin' on them thet hed left ther homes an' com' tergether fur a few days onter groun' konsecrated ter the service o' ther Maker, an' neer'd the las' restin' plaice o' ther loved an' sacurd de'd, whar they hoped ter git ther sperretooal strenth renew'd ter go on a battlin' agin temptashun an' sin. When he purnounced his "Amen" ever'body went ter ther rest a feelin' thet Paul hed putt his sho'lder ter the wheel an' lifted the 'hole camp meetin' bizness cleen outen the rut Lishy Menden'all hed mired it inter, an' com' what mout they'd got a Commandur t'ud leed 'em on a konkerin' an' ter konker.

XVIII.

CAMP MEETIN' CONTINOO'D.

Nex' mornin' I slip'd outen the camp 'bout daybrake, 'lowin' ter cook me up a bite o' vittals an' hurry off home ter look arter the stock an' things 'fore tuther'ns wus a sturrin'. A he'vy dew'd fell in the nite an' wet all the bresh I'd purvided fur kindlin' an' I hed a site o' trubbel 'fore I got my fire ter gwine, the coles I'd kiver'd up a havin' mos' gon' out. An' then the smoke foller'd me roun' ever' whech way an' I hed ter pull my ole slouch hat down over my eyes ter keep 'em frum a bein' mos' putt out 'fore I got my purvisyuns cook'd. I'd jes sot musself up ter the tabel wi' my hat on, when I heern a cracklin' o' bresh et the Menden'all fire log, an' a lookin' over my sho'lder I kotch a glimpse o' Mis' Menden'all's green sunbonnet an' thinks, " Recon' the ole man's exortin's struck in ur he wudn't a sent *her* out ter make the fire!" A ricollectin' the bother I'd hed wi' mine I jerk'd my hat over my eyes agin an' went an' kotch up a burnin' chunk an' a shovel o' live coles an' a runnin' over ter her I sez, 'thout no " good mornin' ", nur nuthin', " Le' *me* make yer fire!" an' a gittin' down onter my all fours I piled the bresh onter the coles an' blow'd ontell 'twus all in a lite blaze an' then putt on wood an' riz. While I wus a breshin' the ashes offen my knees a strange voice sez: "Much obleeged!" A rubbin' the smoke outen my eyes I looked an' 'twusn't Mis' Menden'all 'tall but the purtiest gal I'd ever seed in all my life, a standin' thar wi' Mis' Menden'all's ole floppy sunbonnet push'd back frum her forrid. The blood a rushin' ter my face, I jump'd back es ef I'd bin shot et an' scursely miss'd, an' I mutters out, "Never know'd thar wus no strange purson roun' heres, tho't 'twus Mis' Menden'all!" Et thet she smiled monstr'us fr'enly an' sez, "Much obleege ter ye, then, *fur* Mis' Menden'all!" "Never min' a bein' obleege ter nobody fur nuthin'," sez I, a backin' off an' a tumblin' over a stump. Thet ar upsot me compleete an' I broke an' run ontell I reeched a littel shed whar Blazes wus kep' an' a flingin' my saddel onter her I mounted an' wus a long ways off when I heern the risin' horn in the distans an' ricollected I'd scursely totch my bre'kfus', but my appertight wus cleen gone.

Thar wus a rite smart o' work ter do et home. Som' o' the stock hed broke inter a corn fiel' an' hed ter be run out an' the fence repa'r'd, an' thar wus a lot o' chores. 'Taint no use a denyin' thet I got cleen outen patiens wi' musself, kase my he'd wus so full o' the strange gal, an' ever' littel while I'd ketch musself a sayin' out loud an' a tryin' ter imertate her purty voice, "Much obleeged! Much obleeged!" 'Twus arter sundown 'fore I got thru my work an' started ter the campgroun' an' when I reeched thar meetin' wus in full blast. I tide Blazes up an' went a creepin' to'ards our camp, keerful like, a being monstr'us anxus ter ketch a glimpse o' the yung gal agin, an' mout neer skeer'd ter deth fur feer'd I'd com' onter her all uv a suddent. 'Twus a releef ter fin' the back o' the Menden'all camp pitch dark an' nobody in site, nowhars. Clost ter our fire a week wus a burnin' in a ole sasser full o' lard sot onter a skillet led, ter show me a pot o' vittals, an' the coffee biler on a pile o' hot embers, a keepin' warm fur my supper. By thet ar time I'd foun' my appertight an' sot two an' made a h'arty meel, not a havin' tasted nuthin' but peeches all day. When I got thru, the meetin' wus thet noisy I went inter our camp an' lifted up the blanket frum the frunt dore an' look'd out. All the purfessers, ole an' yung, wus in the alter ur a crowdin' roun' it. Som' wus a singin' an' som' a shoutin' an' tuther'ns on ther knees a prayin' an' a rite smart wus a jumpin' up an' down 'thout a openin' uv ther mouths. 'Twus thet surprisin' I cudn't help a axin musself out loud, "Hello! What's all thet ar?" An' somebody a settin' in frunt o' the Menden'all camp ansers up. "It's a backsliders meetin." I know'd thet ar voice in a minnit, kase it hed bin a soundin' in my yers all day, an' I wanted ter git 'way frum thar, but cudn't b'ar ter go 'thout one good look, an' when I seed by the light o' the big campfire how purty the yung gal wus, a settin' thar all by·herself, bar-he'ded an' fix'd up fur meetin', I cudn't t'ar musself way; but I dar'n't stan' a gawkin' 'thout a sayin' somethin' an' sorter blurts out, "Ef I'd a know'd thar wus fokes 'roun' I'd a spoke!" An' she sez: "I tho't ye *did* speek!" an' then we both laffed tergether, es ef we'd know'd one nuther all our lives. When we sorter check'd up she sez, "I've bin a thinkin' uv ye all day."—"Me two," sez I, interruptin', but she didn't 'peer ter notis, kase she went rite on—"I've bin a thinkin' uv ye all day, o' how good ye wus ter start Mis' Menden'all's fire! Yourn an' hern wus the only ones a gwine fur a long time," sez she, "kase ever'body's kindlin' wus wet an' yer mother an' Mis' Menden'all lent coles ontell thar wusn't scursely fire 'nuff left ter git ther own brekfus' by!" "An'," sez I, thet bold I scursely know'd musself, "it's monstr'us ple'sunt ter be thot uv, but what I don' wusn't wuth remembrin'!" an' then I switched roun' onter the backsliders' meetin', an' ax'd her ter tell me 'bout it. An' she sot in wi' how Paul Wheelrite hed preeched ter the purfessers 'bout the'r coleness an' lukewarmness in the good cause, an' sed they all orter be convarted over an' konsecrated therselves 'fore expectin' ter be instroomental in a helpin' tuthern's, an' how he'd call'd 'em up inter the alter an' roun' it an' they'd sung an' pray'd ontell they got roused up inter the state I'd foun' 'em in. I wus a thinkin' thet I'd never heern nobody talk es she did an' make ever'thing so plane an' cl'ar when all uv a suddent she stopped an' look'd up et me es I stud sorter hid wi' a korner o' the blanket a restin' onter my sho'lder an' sez, "Recon *you* aint no backslider!" 'Fore I hed time ter anser, somethin' totch my foot an' a thinkin' 'twus a dog I wus jis a gwine ter kick it outen the camp when a bushy he'd poked itself mos' inter the gal's face an' a whiny littel voice sez, "*He* aint never slid forrids *yit!*" an' thar wus our littel Mose on his all fours all bundled up in a ole red blanket, a lookin' thet peert an' sassy it made me fur'os I kotch him up quick es litenin' an' tuk him back inter the wimmin's room, whar he'd bin ondrest an' putt ter bed 'arly an' his cloes hid, kase he hed the ever' uther day ager. I hed som' trubbel a gittin' him inter his bunk agin, him a squirmin' a kickin' an' a bitin', but et las' I kun-triv'd ter pile him in an' hel' him down wi' the bed cloes, an' then he let out wi' his tung an' sed he wus a gwine ter tell our fokes an' ever'body else on the campgroun' thet he'd kotch me a makin' up ter the Menden'all gal. I wus plum whop'd out an' know'd he'd got me an' he know'd it two, an' low'd ter make caputal outen it. When I tuk 'way my han's he sot up an' peer'd ter be a cogi-tatin' somethin' over, an' sez et las', "Jack, 'taint no use a tellin' ef you'll ak squar! Jis lemme ride behin' ye on Blazes when I git well an' ye may talk yerself black in the face ter thet ar gal an' I'll keep dark es midnite an' never let on ter no-body!" This 'ere purposal wus a monstr'us releef ter me, but I didn't anser et onct, ter make him more anx'us an' ter purtend ter be onconcarned musself. The boy wus brite an' smart an' him a bein' the yunges' we'd all hed a han' in a spilin' him, an' I wus reepin' my punishmunt. Et las' I tole him 'twus a barg'in ef he'd stick ter his bunk the balence o' the nite an' try ter rekiver frum the ager so's he'd be abel ter ride, an' then I went back ter the dore, but nobody wusn't neer. I tuk a cher an' sot down outside, but never saw nuthin' more o' the one I wanted ter see thet nite. By this 'ere time the meetin' hed tuk a def'rent turn; fokes wus in ther seets agin an' the new ex'orter a holdin' forth in the pulpit. The wimmin' side o' the meetin' wus nex' ter our camp an' on one o' the frunt seets I seed a long row o' yung gals, Zurrildy Prigmore a settin' et the eend by the ile. While Noey Stubbles wus a gwine on wi' his ex'ortin' his voice a gittin' louder an' his eyes a rollin' in his hed an' his long arms a strackin' out rite an' left, Joel Tomson went inter the alter ter call up mourners an' then Noey painted out the agonys o' torment in words thet made the cole chills run down a body's back. Purty soon I seed a monstr'us commoshnn 'mong the row o' yung wimmin fokes an' Zurrildy riz an' started fur the alter, tuther'ns a follerin', all a groanin' an' a screemin' an' then a scramblin' over one nuther like a flock o' sheep wi' a wolf arter 'em, they flung therselves et full len'th on the straw, som' a gwine off inter reg'lar histericks. Tobe Jones hed bin a settin' jis 'crost the ile frum Zurrildy an' a missin' him I tiptoed up ter see ef he'd foller'd the gals, but he hedn't, fur purty soon I kotch site o' him a skulkin' behin' a big tree ter hide frum them es wus a tryin' ter he'd off stragglers an' talk 'em inter a gwine inter the alter. I mout a know'd Tobe cudn't be skeer'd inter nuthin', an' wus a laffin' et his manooverin' an' dodgin', when, all uv a suddent I felt musself kotch holt uv, jerk'd roun' an' beet in the back ontell I scursely know'd whech way ter look. Ole Mis' Flint an' som' o' her cronys hed surrounded me an' all begun ter shout an' holler tergether an' ter drag me to'ards the alter, an' I dunno how 't mout a eended ef Mose hedn't a rushed outen the camp wi' a yell a holdin' his ole blanket on wi' one han' an' a beetin' an' a bangin' rite an' left wi' tuther'n. I wus thet shock'd ter see him a strackin' these 'ere ole wimmum fokes, an' a knockin' som' o' ther caps off, thet I kotch him up, blanket an' all, an' sez, "Fr'en's, excuse my littel brother, he's got the ever' other day fever'n ager an' I 'low the fever's riz!" An while they wus a tyin' on ther caps Elick Jones passed by an' they all gether'd onter him an' I made fur the camp. Es I tuck'd Mose inter bed narry one uv us open'd our mouths, but we kep' up a monstr'us thinkin', leestways I did, an' cudn't hev the hart ter giv' him the gwine over he expected. Arter while I clum up on a bunk an' looked out thru a big crack onder the eeves, a tryin' ter git a site o' father an' mother. I didn't fin' 'em nowhars, but wus certing they wusn't a doin' non' o' thet ar screemin' an' shoutin' a gwine on all over the camp groun'. Not thet I want ter say nuthin' agin noisy Cristens, ever'body ter ther own noshun, but I wus allus monstr'us glad thet ar stile didn't run in our fam'ly, a holdin' thet still water runs deep. 'Twus late 'fore the meetin' broke up an' the fokes tuk ther fr'en's frum the alter. Som' went a mournin' an' tuthers a rejoicin', but arter while all noise died out an' ever'body wus a restin' fur the nex' day. When our fokes com' in me an' mother went inter our pantry ter grin' coffee an' git things reddy fur brekfus, an' heern Mis' Menden'all an' the yung gal a talkin' on tuther side o' the bord purtishun. I looked et mother an' nodded an' she whisper'd thet a widder wummin hed com' long ter the Menden'all's wi' som' uther movers on ther way ter ole Kaintuk an' she hed a darter an' two boys an' one o' the boys wus tuk down wi' fever'n ager an' tuther movers hed gone on an' left the wummin an' now her an' the well boy wus a takin' keer o' the Menden'all place an' the darter wus a helpin' Mis' Menden'all on the campgroun' an' she 'peer'd ter be monstr'us spry an' handy, an' her name wus "Kizzy." When I lade down on my straw pallet thet ar nite it seem'd a long time sense I'd riz frum it, an' it com' over me thet somehow I'd changed roun' inter a def'rent sort uv a man an' got som' new vews o' life an' I went ter sleep a sayin' over an' over ter musself, "Much obleeged! Much obleeged!"

XIX.

CAMP MEETIN' SUNDY.

A Satturdy nite a lot o' fokes frum the river an" furdes' frunteer settelmunts pored in ontell all the tents an' camps wus cram full an' a site hed ter sleep in ther waggins an' when preachin' begun ever' bench wus occerpide an' a long row o' chers cleen roun' the pulpit. Even then som' o' the yungsters hed ter brace therselves agin trees an' stand. A Sundy mornin' love feest wus hel' in the meetin' house an' ever'body pack'd in thet cud an' then a monstr'us big crowd gether'd outside o' the dore an' up agin the long winder. Es fur musself I hedn't no intrust in love feest no more'n in tuther purseedin's an' never thot o' gwine no ways neerd it, ontell I seed Kizzy com' outen Lishy Menden'all's camp dress'd in white wi' a littel him book in her han' an' make fur the meetin' house, an' then all creashun cudn't a hel' me back. Es she reech'd the dore the crowd o' yung men an' boys siperated ter make room fur her ter pass in ter the seet Mis' Menden'all wus a keepin' fur her an' then closed up ranks. Thar wudn't a bin no show o' ther devidin' up agin fur me, ef they'd a know'd I wanted ter foller, whech they didn't, but I jis' hel' my own wi' 'em, a elbowin' an' a scrougin' ontell by degrese I got wedged in behin' the dore whar I cud see the bigges' part o' the meetin' thru a crack, 'thout nobody's obsarvin' me. 'Twus monstr'us aggervatin' tho', arter all this 'ere manooverin', not ter git a glim'se o' the one I'd com' ter see, but my punishmunt wus jest, kase I'd don' 'rong ter go inter thet ar house outen worl'ly motives. But, purty soon, I sorter got riconciled ter my disappintmunt, in a watchin' Paul Wheelrite's gineralship in a managin' the meetin'. Arter the bred an' water'd bin pass'd all roun', Paul got up an' sed this 'ere wus a feest fur them thet wanted ter b'ar witness fur the Master, an' he hoped ever'one thet hed a word o' testemony ter giv' in ud speek up promp', so's no time wudn't be lost. In a secant 'bout a dozen riz' et onct an' started out a talkin' tergether. Then Paul ax'd 'em all ter set down agin an' a takin' out his watch sed he'd time each one ter fore minnits a peece an' thet ud giv' ever'body a chance ter be heern frum, an' es Brother Menden'all hed riz fust he orter open up the meetin'. Et this 'ere Lishy got up agin an' arter a circoolatin' his yaller silk hankicher roun' over his face awhile he clar'd up his throte an' started out cool an' deliberat like, es ef he hed the 'hole day afore him. Paul, onderstandin' his man, sot a lookin' inter his watch an' when the fore minnits wus over sez, "I'm sorry ye can't give us the balence, brother Menden'all, but time's up! Less heer frum *you*, Brother Suggs!" a leevin'

Lishy's narrutiv' way back thar in Tennysy. Ole Daddy Suggs riz, a brimmin' over wi' prase an' thanksgivin' an' broke down a shoutin' inside o' two minnits. Then tuther'ns got up agin, one et a time, an' a havin' profited by Lishy's example, com' ter the pint et onct, an' when they'd hed ther say out, Paul enc'uraged a site o' timid ones ter speek, a helpin' 'em over the ruff plaices when they cudn't hit on the rite word, a singin' a line ur two uv a him ter keep up the intrust when one giv' out altergether, a callin' on somebody whose evidunce he tho't ud sorter stren'then an' fit in wi somebody else's, an' ter win' up the meetin' he ax'd Mis' Menden'all ter speek, an' when she started out ever'body quieted down, but 'twusn't fur long kase when she tole o' her trials an' tribulashuns an' how all the sacur'd promises hed bin fulfill'd fur her, how she'd bin made ter mount up on eagles' wings, es 'twus, an' soar triumphunt 'bove all afflicshuns her voice wus thet tetchin' wi' prase an' thanksgivin' when she sot down inside o' fore minnits a body cudn't heer the'r own yers fur the Hallelujas an' Amens. Then Paul pur-nounc'd the benerdicshun an' es they all went out I heern Lishy Menden'all a complanin' ter a Littel Muddyiter thet the meetin' hed bin bodiaceously spilt by 'lowin' fokes ter git up an' talk thet hedn't nuthin' ter say wuth heerin' an' them thet cud a edifide the aujenz a bein' shot up an' made ter set down 'fore they'd got well onder way.

Et eleven o'clock the horn blow'd fur meetin'

in the grove an' all the fokes assembeld monstr'us slicked up an' in ther Sundy best, an' sich a big congregashun hedn't never bin seed tergether sense the kuntry wus fust settled. Paul Wheelrite preech'd in a voice thet loud an' clar he wus heern ter the furdes' eend o' the camp groun' an' ever' word thet plane an' simpel a chile cud onderstan' him. An' 'peer'd like he wus a gittin' a firmer holt on ever'body thet lisen'd, an' I dunno how it mout a com' out wi' mussef ef whendever I got sorter shaky like I hedn't a broke the spell by a gwine out an' a fixin' up our fire. Onct ur twicet I kotch a glimse o' Kizzy es she pass'd in an' out o' the Menden'all's pantry wi' a big pan o' taters ur somethin', but she never look'd my way, 'peerin' ter be in a monstr'us big hurry ter git back inter the camp ter heer preechin'. Arter the sarmint Paul an' Joel Tomson went inter the alter an' chrisen'd a site o' chillern an' grown fokes an' open'd the dores o' the church an' tuk in up'ards o' fifty. Then all the members, ole an' new, wus call'd up roun' the alter fur communion, the sarvices a lastin' ontell 'long in the arternoon. When ever'body'd hed dinner me an' Wesly Suggs wus a sa'nterin' roun' tergether when we heern singin' strack up in Lishy Menden'all's camp an' a big crowd a rushin' thet way we rush'd two. When we got thar I tip toed up an' look'd over the heds o' the balence an' seed a row o' men fokes a settin' agin the wall on one side o' the camp an' Mis' Menden'all an' Kizzy in the middel o' a row o' wimmin on tuther'n. An' Lishy Menden'all an' Josiar Simson they stud up a grippin' onter the same book an' a beetin' time in unishun es ef they'd gon' inter pardnership in the singin' bizness. Lishy wus in his elument a leedin' the tenur, kase the bigges' part o' the men an' wimmin singers wus a follerin' him. Mis' Menden'all an' Kizzy carrid the tribbel an' Josiar Simson sot his baste up agin the rest, sometimes mos' a drowndin' 'em all out wi his deep notes. I tuk in the sitooashun et a glance, an' then my eyes an' yers wus mos'ly occerpide wi' Kizzy thet sot thar in her white dress, never a lookin' rite nur left nur strate forrids, but allus down inter her book, 'peerently ter git the words strung onter the chune all rite. When it run high her voice soar'd up full an' cl'ar a peercin' inter the tenur an' a leavin' Josiar's baste a mutterin' off inter the distans, but when it glided down inter a low cajenz, Lishy ralli'd an' com' forrids wi' the tenur an' then Josiar turn'd on a thunderclap an' smother'd 'em all out agin. They sung ontell it got duskish like an' then ever'body went ter git ther suppers over 'fore nite meetin'.

When the camp fires wus a blazin' an' the can'les all lit the horn sounded an' thar wusn't no delay in a fillin' the benches. When I seed Paul Wheelrite rise up ter preech agin I felt thet I cudn't heer no more frum him an' stan' up strate an' squar' by my onbeleevin' principals. In the mornin' sarmint he'd druv the nale o' his argymint inter the min's o' all thet lisen'd an' now I know'd he wus a gwine ter clinch it an' I jis' went off an' tuk a long walk cleen beyant the soun' o' his voice. But when the singin' an' shoutin' started up 'peer'd like they wus all a hollerin' arter me ter com' back an' git convarted an' I jis' broke an' run in the opposit direcshun, never a stoppin' ontell a passel o' dogs tore out an' attact me an' a lookin' I seed I wus plum up agin Lishy Menden'all's bars an' thet a big fire wus a blazin' in the oldes' caben an' a slim, strate wummin wus a standin' in the open dore. Es soon es the dogs com' up clost 'nuff they know'd me an' stop'd a barkin' an' the wummin, 'peerin' ter a tho't the dogs hed made a false alarm, went back ter the fire whar she wus a cookin' supper. Then it com' over me thet this 'ere wus Kizzy's mother an' I clum the fence an' went up ter whar I cud see inter the house 'thout a bein' obsarved musself. A chunk uv a boy lay on the flore a playin' wi' the cat an' somebody 'peer'd ter be roll'd up in a trundel bed. The wummin putt me in min' o' Kizzy es she step'd roun' spry es a yung gal, but her ha'r 'peer'd ter be cole black an' she look'd monstr'us scornful, a holdin' her he'd up an' a slingin' things roun' purmiskus when she tho't nobody seed her an' thet ar wusn't like Kizzy, kase I'd watch'd her thru a 'not hole in our pantry when she wus a workin' onder the shed by herself, an' she wus allus es genteel an' modes' es when fokes wus a talkin' ter her. Arter a satisfyin' my cur'osity I begun ter feel monstr'us meen an' sneek'd back over the fence an' retarn'd ter the camp groun'. All wus dark thar 'cep' whar the moon shined thru the trees ur a flicker started up frum one o' the camp fires.

XX.

GYARDIN' THE CAMP GROUN'.

Es I com' up ter our fire log, I mos' stumbel'd onter father thet sot thar a wa'tin' fur me, an' he pull'd me down by him on the log an' whisper'd thet the Flatters hed bin a makin' a distarbens on the camp groun'. Ter cut a long story short, 'peer'd thet 'bout the time nite meetin' begun father re*cog*gnized Bird Wadkins, the two Smiths an' a monstru's big desprit lookin' stranger a mixin' roun' wi' the crowd, an' et las' they all sot down tergether on one o' the back benches an' begun ter whisper. Father tuk Jim, thet allus sot off by hisself, up ter whar mother cud keep her eye on him an' then went an' stationed hisself whar he cud watch furder purseedin's o' the Flatters. They kep' middlin' still ontell Paul Wheelrite went inter the alter an' started up the singin' an' prayin', an' then they all knelt down an' the big un begun ter mumbel over tuther'ns, a imertatin' Paul Wheelrite, only a mixin' up his words wi' turribel purfanity. Fortunitly all the meetin' fokes hed crowded forrids an' a rite smart wus a standin' on benches a tryin' ter look inter the alter over the he'ds o' tuther'ns, an' the bigges' part wus a jinin' in the singin' an' ef enny notis'd the Flatters, more'n likely they tho't 'twus som' o' the strangers onder convicshun an' ther frien's wus a workin' ter try ter git 'em ter the alter. Es soon es the mock'ry begun father hunted up Tim Jones an' sent him ter bring Paul Wheelrite thar by a surcuito's way an' when he com' the three consulted tergether an' then went up ter the Flatters. Paul step'd in frunt o' the big man thet hed riz, an' invited 'em monstr'us civil an' perlite ter go forrids an' jine in the meetin', an' they all laffed an' the big un cussed an' ax'd Paul what he tuk 'em fur. An' Paul sed fur pore 'retched sinners on the braud rode ter destrucshun, an' the big man tole him ter shet up his jaw, thet he wusn't nuthin' but a rantin' ole hippercrit an' ther bizness wus ter open the eyes o' the fokes agin him an' his helpers, an' brake up the camp meetin'. By this 'ere time Paul hed clinch'd him, by both arms so's he cudn't reech the weepons in his belt, an' father an' Tim tuk holt an' they back'd him cleen offen the camp groun' thru a dark corner o' the grove, tuther'ns a follerin' but not a offerin' no help, an' when Paul le' go the Flatters all run an' plunged inter a thicket on tuther side o' the big rode. A seein' 'em so cowardly Tim Jones sed he wus monstr'us glad they wus got shed uv an' he 'low'd they'd go home now an' say 'twusn't no use ter try ter distarb the camp meetin' wi' sich resoloot men ter defend it. But Paul sed a body ortn't ter crow ontell they wus outen the woods an' fur father an' Tim ter stan' gyard ontell he com' back, but not ter say nuthin' ter nobody 'bout the distarbens. Then he retarn'd an' carrid on meetin' an' woun' up es ef he hedn't left the alter an' the convarts thet nite wus a long ways ahe'd o' all thar'd bin afore. Then Paul brung Lishy Menden'all an' Ole Daddy Suggs ter father an' Tim Jones an' they all talk'd 'bout the bes' way ter outdo the Flatters, an' Paul sed ter keep the matter dark frum ever'body but fore trusty yung fellers ter help watch, an' he b'leeved thar wudn't be no distarbens ter hurt the camp meetin'. He 'low'd the Flatters mout set fire ter the straw in the alter or som' o' the haystacks scatter'd roun' on the outside o' the groun' an' thet somebody orter be on the lookout et all these 'ere plaices. Lishy wus fur a keepin' up rousin' camp fires all nite ter let the Flatters know fokes wus a watchin', but Paul sed sich a onoosual purseedin' ud ra'se suspishuns an' ever'body'd be onsettel'd an' he tho't the bes' way wus fur sentunels ter be station'd et all the haystacks an' in the alter an' signal tuther'ns thet wus on gyard by three long srill whistles, ef the Flatters made enny attact. Then Ole Daddy Suggs pledged hisself an' Wes an' Simon ter watch the'r side o' the camp groun'. Tim Jones sed him an' Ben an' ther boys ud take keer o' the two tuther'ns an' the alter an' father promis'd thet me an' him ud make it lively fur the Flatters ef they com' onter our side, an' only call on Lishy Menden'all in case we needed his help. Lishy sed he cudn't stan' the nite a'r, but father tole him the excitemunt o' battlin' wi' the Flatters ud counterac' the bad effec's o' nite a'r an' es he wus so big an' strong the very site o' him ud tarrify a duzen Flatters, but Lishy sed thar wusn't no doubt they'd com' back wi' reinforcemunts ur mebbe pick 'em up 'mong the strangers on the camp groun', an' he'd do his part by a stepin' roun' an' a warnin' ever'body thet hed strangers a puttin' up wi' em ter be on the lookout, but father wus morelly certing the fore Flatters wus by therselves an' hed 'low'd ter brake up the camp meetin' by makin' a mock an' distarbens an' not by fitin', thet they hedn't expected no sich resistans es they'd met wi' an' agreed wi' Paul Wheelrite thet now they'd resort ter som' meen, low life plan o' revenge ter skeer an' distrac' the fokes. Paul Wheelrite volunteer'd ter take his turn wi' the balence a watchin', but non' 'cep' Lishy Menden'all wudn't heer o' his a bein' broke o' his rest, a sayin' he'd alreddy don' his sheer wi' the Flatters an' his work wus ter carry on the camp meetin'. When they siperated Lishy hurrid ter his camp wi' a splittin' he'dache an' father begun ter devide his time twixt his post o' dewty an' our fire log ontell I com' back.

While father wus in the middel o' his narutiv' we heern a noise clost by the haystack an' rush'd out, but foun' twusn't nuthin' but a hobbel' critter thet hed stray'd roun' onter our side. Arter rite smart o' pursuadin' father consented ter go back inter the camp an' sed he'd sleep wi' one eye open an' both yers an' et the fust soun' uv alarm ud rouse Lishy Menden'all, thet hed promis'd ter haul his beddin' up by his dore an' be in reddiness, an' they'd both com' ter the rescew. Es father wus a leevin' he handed me a monstr'us big hick'ry club an' I sot musself down on the dark side o' the haystack. The moon hed got up middlin' high an' the only soun's thet broke on the stillness o' the nite wus the nicker, now an' then, uv a oneesy critter ur the lonesome hoot uv a owl in the woods. Mus' a bin rite smart arter midnite when I heern a ruslin' o' leeves an' seed a long shadder move roun' frum behin' a big tree. I wus on my feet in a instan' wi' my club ra'sed an' my mouth pucker'd fur a whis'le when Lishy Meden'all, fur twusn't nobody but him, rush'd up an' sed monstr'us low, "Don't be skeer'd Jack! 'Taint nobody but fren's! Less se' down an' hev a talk!" When we'd both crouch'd back in the shade he sez: "These 'ere danger'us times is tryin' ter men's soles, an' ther bodys too, an' them a comin' onter me all uv a suddent I'm thre'tened wi' a bad kin' o' spells I uster hav' back thar in Tennysy. An' my blood it aint bin rite fur a long time an' ef I shud git hurt in a scrimmage ur wounded wi' a rusty knife, ur ennything thet a way, an' infurmashun shud set in I'd be mos' shore ter hev' the lockjaw, an' t'd run me monstr'us hard ter git over it. Yer father sed ef ye whis'led he'd rouse me up an' we wus both ter grip onter a big fire shovel ur ennything we cud lay han's on an' com' ter yer ade. An' a lyin' thar an' a thinkin' ever'thing over an' not a knowin' what minnit ye *mout* whis'le I called up Sis and Kizzy an' tuk 'em out inter the pantry an' tole 'em what danger wus a hoverin' over me an' sot 'em ter scrapin' lint fur my woun' ef I shud git cut up, an' tore a ole sheet inter strips an' showed 'em how ter make bandages an' roll 'em an' wind 'em on. An' when they'd got more'n plenty reddy ter swath me in frum hed ter foot they still scraped an' roll'd an' when I tole 'em they mout stop Sis sed they'd git nuff reddy fust fur ever'body else thet mout git hurt, an' ef they go on es they've begun they'll soon hev plenty on han' ter bandage the 'hole campmeetin'. They cudn't be made ter onderstan' thet I wus the only one likely ter git wounded, kase I'm big an' hev brag'd o' my strenth, an' o' corse on thet ar 'count ull be shov'd forrids inter the brunt o' the battel! But, Jack," sez he, "I *aint* strong, kase when one o' these 'ere spells comes on ye cud 'nock me down wi' a fe'ther! An' I don't b'leeve in a fitin' wi' no weepins o' karnal warfare nohow, kase ter *my* min' the sord o' the sperret is better! An' I tole the men fokes so et the start, but they all talk'd me down, even ter Ole Daddy Suggs, a sayin' ef the Flatters pitched onter us a tryin' ter hender our work in the good cause, he didn't b'leeve thar wus no Scripter agin our a gwine et 'em a fisticuffin' thet I'd never a tho't o' *him!* An' Jack," sez he, "I don' b'leeve in men wi' fam'lys a reskin' ther lives, nohow, an' ef you an' a passel o' tuther yung fellers ull take this 'ere fitin' offen our han's an' enny uv ye gits cut up, the materal's reddy an' I'll doctor ye all fur nuthin'. I tole this 'ere ter my wimmin fokes," sez he, "an' sed 'twus def'rent wi' you frum mos' o' tuther'ns, thet ef ennything shud happen ter crippel ur take ye off yer father ud hev three boys left. An' thet ar gal Kizzy she jis stud up an' pled agin your takin' my part o' the fitin', a sayin' tud be a dreffel thing fur yer mother ef you got hurt, an' she tho't we all orter hang tergether an' ef the Flatters know'd thar wus so menny roun' on the groun' a watchin', mebbe they wudn't make no attact an' Sis actooally jined in *agin me*, an' a seein' I cudn't talk no sense inter wimmin fokes I com' out here ter ax what *you* think o' my plan!" I'd bin monstr'us disgusted wi' the ole coward et fust, but when he com' ter whar Kizzy'd pled fur me, I felt like a huggin' him. I'd kunsidered musself ekal ter three ur four Flatters, frum the fust, but now, all uv a suddent, my kurridge riz ter thet ar pint I cud a ventur'd onter a duzen o' the stronges' singel handed, an' I sez ter Lishy, "Go back an' take keer o' your wimmin fokes an' let yer min' be et rest, an' ef ther's a scrimmage I'll stand in your shoes an' mine too." "Don' talk so loud, Jack!" sez he, "Som' o' them fellers *mout* com' onter us now! I'll jis hurry in an' tell Sis o' yer valyunt offer an' releev her min'. God bless ye, Jack!" An' then mos' a crushin' my han' in both o' his'n he went to'ards his camp, a slippin' behin' the shadders o' the trees an' a crouchin' down et the leest noise ter lis'n fur the Flatters.

I wus monstr'us glad when he wus gon', kase what he sed 'bout Kizzy made me kinder giddy he'ded an' I wanted ter sorter feel my way back ter the fust nite I'd pluck'd up kurridge ter stan' my groun' an' talk ter her, an' then com' gradooally forrids an' think over how she look'd when I'd wa'ted roun' an' kotch her et the spring by herself an' carrid her water bucket up the hill an' we'd hed a few words tergether. An' how she'd lis'n'd ter all I sed in my stumblin' sorter way, 'thout no blushin' nur gigglin' like mos' o' tuther gals, but seemin' ter be monstr'us intrusted es ef 'twus som'thin' o' grate importans. An' when her turn com' she anser'd up in a strateforrid sorter way, 'thout peerin' bold nur nuthin' but thet simpel an' nateral I tuk holt an' talk'd back agin es e'sy es ef I wus a convarsin' wi' mother ur Mis' Menden'all. An' when I acted the spy an' seed her a talkin' ter Josiar Simson, thet hed foller'd her like his own shadder frum the time he fust lade eyes on her, I sorter got the idee inter my he'd thet she'd look'd more pleesed when me an' her wus tergether an' now, somehow, what Lishy sed strenthen'd the noshun monstr'us.

XXI.

THE ATTACT AN' THE VICT'RY.

Daylite broke 'thout no distarbens an' when the risin' horn blow'd an' men wus a comin' ter git feed fur ther anumals I started fur our camp. On the way I met a littel sandy he'ded stranger wi' sich a sneeky hang dog look, I mistrusted him et onct an' watch'd roun' ontell I seed him pull down a armful o' hay an' go to'ards the plaice whar a passel o' strangers kep' ther critters. Arter brekfus' I went inter the back room o' our camp an' rested a cuppel o' 'ours, but cudn't sleep a wink fur the noise o' meetin'. The Flatters not a makin' no attact in the nite, nur a showin' up roun' the camp groun' in the mornin' the Jones'es 'low'd they'd bin intimerdated an' gon' off fur good an' sent Elick over wi' word ter Lishy Menden'all ter thet ar effec'. Lishy'd bin lade up ever sense the nite afore, 'twus sed, wi' a obsternct sorter chill thet kep' his teeth a chatterin' an' thre'ten'd ever' instent ter brake out inter a shakin' ager. The welcom' news sot him onter his feet agin, in no time, an' he com' outen his camp in good sperrets an' don' jestis ter a big dinner. Paul Wheelrite hed giv' out thet all the fokes wus ter go inter the timber et three o'clock in the evenin' an' pray in secret fur the furder success o' the meetin' an' et the 'pinted time the men begun ter drap off onter ther side o' the camp groun' an' the wimmin onter their'n. Father didn't sheer in the b'leef thet the Flatters ud giv' in 'thout no furder trubbel an' went roun' an' talk'd wi' Ole Daddy Suggs an' the Jones'es, an' Tim an' Ben Jones an' ther boys agreed ter stay an' watch the camp groun' an' me an' father an' Ole Daddy Suggs wus ter go inter the timber an' keep gyard over the men's side o' the secret prayer meetin', nobody 'lowin' the wimmin's side 'ud be distarbed. Es fur Lishy Menden'all 'twus tho't bes' not ter say nuthin' ter onsettel his equnimity onless we wus attacted an' then I 'low'd ter keep my word wi' him. Father sent me ter occerpy a possishun whar I cud see the big rode a long peece both ways, an' then him an' Ole Daddy Suggs foller'd Lishy Menden-'all inter the men's side o' the timber. 'Taint no oncommon thing durin' camp meetin' fur secret prayers ter be giv' out an' hel', but the objec' is fur ever'body ter pray ter therselves an' not be heern by nobody else. But this 'ere didn't 'peer ter be ter Lishy Menden'all's noshun, ur mebbe he didn't b'leeve in quenchin' the sperret an' 'low'd sich a lite es his'n ortent ter be hid onder no bushel. Howsomdever it mout a bin, 'twusn't long 'fore his secret prayers riz ter thet ar pitch I 'low they cud a bin heern cleen back ter the camp groun'. Et leest, ever' word wus monstr'ur distinc' ter me es I crawl'd thru the onderbresh an' over de'd logs out ter the big rode. By thet ar time a passel o' tuther'ns wus rous'd up, all 'peerin' ter be a tryin' ter git ahe'd an' pray louder'n the balence an' som' thet cudn't keep up let go an' went ter singin'. But my bizness wus ter watch an' whether they pray'd ur sung wus no consarn o' mine. I tuk a survey o' the rode in both direcshuns an' then begun ter walk up an' down. Es I wus a passin' a hazel thicket on the furder side I heern a stompin' beyant an' a clinchin' my big hick'ry stick I plunged thru an' seed five o' the Flatters critters tied up ter saplin's, but nobody 'peer'd ter be roun' an' I hurri'd back the way I'd com' ter fin' father an' giv' the alarm. When I got mos' up ter the aidge o' a littel pecce o' open groun', all uv a suddent, I com' onter Paul Wheelrite a standin' clost in behin' a big tree. He hel' up his han' an' motion'd fur me ter dodge in back o' him an' then I heern voices an' a lookin' 'crost onter tuther side o' the cl'arin' I seed Bird Wadkins, the Smiths an' two strangers a kneelin' down an' a prayin' out loud ter imertate tuther'ns. Then they begun ter yelp an' howl like dogs an' Paul went up ter 'em, me et his heels. Es we crossed the cl'arin' father enter'd it et the furder eend an' I giv' him a signal. He disappeer'd in the direcshun o' the prayin' an' I 'low'd mebbe he hedn't onderstud, but purty soon seed him an' Ole Daddy Suggs a comin' to'ard us an' Lishy Menden'all a makin' fur the camp groun' on a de'd run. Es me an' Paul reech'd the Flatters they all got up 'cep' the big stranger, an' purtendin' ter hev his eyes shot he went on fur a minnit ur two longer in afful blasphemy an' then woun' up wi' a big "Amen" an' a risin' all uv a suddent, made a rush et Paul Wheelrite an' knock'd his hat off. An' then I clinch'd him an' *somebody*'d a bin lick'd in less'n a minnit ef Paul hedn't a tuk holt an' siperated us e'sy es ef we'd a bin two boys. "I like yer sperrit!" sez he ter me, "but I'm a gwine ter settel this 'ere 'thout no vi'lence, ef possibel!" By thet ar time Ole Daddy Suggs wus on han', wi' his sleeves roll'd up an' his pipe stem arms a fl'urishin' roun' his he'd, an' a steppin' in frunt o' the big man, pine blank like a fice dog a bris'lin' up ter a b'ar, he sez: "Stranger, ef my preachin' brung on this 'ere fracas, I'm reddy ter ans'er fur it an' 'taint agin no Scripter ter battel in a good cause nuther!" 'Twus a monstr'us funny site ter see him a standin' thar a lookin' so puny an' week an' the big man a towerin' over him like a giant, an' made the Flatters roar an' thar wus a twinkel in Paul's eye es he tuk in the sitooation, but he los' no time in a leedin' Ole Daddy aside an' whisperin' somethin' in his, yer thet made him roll down his sleeves in a instent. Then Paul went forrids an' ax'd why the Flatters hed com' back ter distarb the meetin' agin when they'd bin putt offen the groun' the nite afore. An' the big man sed they com' las' nite ter brake up the meetin' kase they'd heern ther doin's hed bin preech'd agin when they hed es good a rite ter race an' frolick an' git fokes ter jine 'em es tuther'ns ter pray an' shout an' take in *ther* convarts, an' thet to-day *he* wus thar ter hev his revenge fur a bein' grip'd an' tuk holt uv onawares an' han'led onfa'r an' sed he wus a gwine ter fite it out wi' Paul ur die. An' then the littel sandy ha'r'd men thet hed stud up clost an' faun'd on him eechoed his las' words an' I seed father start an' look et the two monstr'us keen an' in the same secant it com' over me thet somewhars I'd seed these 'ere two men afore. 'Peer'd the littel man hed bin on the camp groun' frum the fust wi' tuther strangers frum the mouth o' Littel Muddy an' mus' a bin spyin' roun' fur the Flatters. When the big man stop'd talkin' Paul ax'd him ef nuthin' but a han' ter han' contes' ud satisfy him an' he sed "No" an' thet the weepens ud be bowie knives an' the turms "No quarter." Et this 'ere pint Ole Daddy Suggs rolled up his sleeves an' made nuther advance, but when Paul tole him ter be patient he back'd off an' roll'd 'em down agin. Then Paul sed 'cordin' ter the laws o' usage the challunged party hed the choice o' weepons an' he wus a gwine ter take " fists " an' " quarter ur no quarter " ud be decided by the victur. The two strangers objected, but the Flatters sed the fite hed ter be fa'r an' squar', an' tuk all the pistols an' bowie knives outen the big man's belt an' laid 'em on the groun'. " 'Peers like," sez Paul, es he stud wa'tin' fur the word ter be giv', " 'peers like this 'ere contes' is a gwine ter be like the trials by ordeel they uster hev in ole times when the victur proved his cause ter be jest!" "Non' o' yer long winded sarmints et me!" sed the big man a makin' a rush et Paul, but the three Flatters hel' him back an' sed he wus a fitin' fur them es well es fur hisself an' hed ter wait fur the word. Then the signul wus giv' an' in a instent he hed Paul roun' the waist an' wus a tryin' ter trip him up, but frum apperences he mout es well a tride ter onsettel a tree, kase Paul never moved, only ter onclinch the man's holt an' fling him off et arm's len'th. In a secant he sprung back like a tiger, but Paul met him cool an' steddy allus on the defens, a makin' him thet wile wi' rage he 'nash'd his teeth an' fit thet reckless 'twus plane ter be seed he'd soon git the wust uv it. An' then he begun ter blaspheme, the littel one eechoin' his words, cheerin' him on an' tellin' him how ter advans' an' whar ter strack, but Paul wus thet wary thar wusn't no chance o' findin' a week pint. Then et the suggeschun o' his frien' the big man ud back off a littel distans an' rush et Paul wi' all his stren'th ter upset him, but thet don' no good, nuther, Paul a standin' his groun' thet firm he mos' knock'd the bre'th outen his antagunist ever' time they met. Et las' es the big man back'd off he cullided wi' his frien' an' thet instent Paul snatch'd my club an' his antagunist advanced. Thar wus a glitter o' steel in the a'r, then a clash es Paul struck down a long knife, an' a dubblin' up his fist stretch'd his enumy onter the groun' an' 'fore he cud rekiver planted his full wate on his body an' hel' his han's es ef they'd bin a chile's. Then

Paul sed, " 'Twusn't my intenshun ter hurt ye non', but ter let ye fite ontell ye got tired an' satisfide ye'd foun' yer match an' then I 'low'd you'd all leeve an' we'd hev our meetin' out in peece. But ye wusn't willin' ter contend hones' but 'low'd ter commit murder ef ye cud. An' es you've bin a makin a mock an' purtendin' ter pray I'm a gwine ter make ye pray in arnest. Now begin!" " Dunno nuthin' ter say!" "Then I'll larn ye," sez Paul, almos' crushin' the life outen his body. " Lord a mercy!" groan'd the man. " A good prayer," sez Paul. "Go on!" " Le' me up an' I will!" " Can't trust ye!" sez Paul. " Pray ter be forgiv' fur a henderin' the Lord's work an' fur a lcedin' these yung men inter the paths o' sin!" Arter a mumblin' this over the big man screem'd fur tuther'ns ter com' ter his assistans. His frien' started, but the Flatters hel' him back an' Bird Wadkins tole the big man nobody wusn't a gwine ter help him, thet he wus a gittin' his jest desarts fur not a fitin' strate an' squar' like a man, es they'd promis'd he shud an' thet when the preecher wus don' a punishin' him he mout go his way an' they'd go theirn, fur they never 'low'd ter hev nuthin' more ter do wi' him. Then Paul tole him his prayin' hed hed sich good effec' he mout rise an' git his critter, but him an' his frien' wus ter leeve thet side o' the purrary, et onct, an' not show therselves ennywhars roun' the camp groun' agin, et ther perul. Then Paul got up an' stud on the defensiv wi' my stick ontell tuther'n riz an' the two men putt all ther weepons back inter ther belts an' turn'd ter start off. Then father ax'd 'em ter look et him well an' say ef they rimember'd ever ter a seed him 'fore las' nite, an' they sed "never." "I'm the man," sez father, "whose critter you tride ter git in exchange fur a big iern gray you stold ten ye'r ago an' I 'low'd you'd both bin kotch an' hung the same day!" Et this 'ere they broke an' run fur ther lives, but nobody foller'd, kase father sed mebbe they'd alreddy bin punesh'd fur what he cud testify agin 'em, but he wanted ter tarrify 'em so's they'd be shore an' leeve the settelmunt. The three Flatters seem'd monstr'us whopp'd out an' sed these two men wus som' o' Lem Tanksly's frien's he'd pick'd up on the river an' giv' out they wus hoss traders an' they'd help lay off the race tract an' offen brung fast critters thar ter try ther speed, an' wus allus a pumpin' roun' ter fin' out 'bout the fine critters in the def'rent settelmunts an' hed ther eye on my Blazes an' sed they 'low'd ter buy her. Jis' then our Jim an' Elick Jones com' a runnin' up cleen outen bre'th a sayin' Lishy Menden'all hed sent 'em. "I'm monstr'us glad ter see ye, Jim!" sez Bird, "I want ter do ye jestis ef tis purty late in the day!" "I want ter convince ye," sez he ter me, "thet Jim wusn't ter blame fur a runnin' yer filly. Thet day we hed a big race on han' an' me an' Lem Tanksly wus on the way ter the tract ahe'd o' the balence an' when we reech'd the Lone Sicamore Jim an' Wes' Suggs wus in the tree an' your filly an' the ole gray hobbled wi' ther bridels an' turn'd out ter graze. An' all uv a suddent Lem Tanksly jump'd offen his critter an' a flingin' his bridel ranes ter me run an' unhobbled Blazes an' bridel'd an' mounted her. The boys expostoolated an' slid outen the tree an' tuk arter him, but he only laffed an' gallup'd to'ard the tract an' then rid roun' a tantalizin' Jim ontell our crowd arriv'. Then Lem tole Hank ter mount his critter thet wus all belted an' sursingled up an' these 'ere two tuk ther plaices on the tract an' the word wus giv' fur 'em ter start. Hank lade the whop onter his critter, but 'twus plane ter see thet Lem wus a holdin' the filly back wi' all his stren'th, fur she wus full o' grit an' 'peer'd boun' ter go, an' when they reech'd the startin' pint she wus a long ways behin'. Sich a hoop o' triump' es our crowd sot up I never heern, fur we all hated ye, Jack, fur yer contemp' o' us an' 'twus a monstr'us vict'ry ter git yer filly onter our tract in spite o' ye. Jim stud up agin Lem an' tole him 'twus thru his onfa'r deelin's Blazes hed bin beet, thet wi' ha'f a chance she'd run a long ways ahe'd o' enny critter thar. An' then a passel o' us hel' up fur Jim an' sed the filly shud hev a fa'r show an' Jim shud ride her hisself. Then 'twus decided ter hev a mix'd race ter test the speed an' slowness o' all the critters, but this 'ere wus a dodge ter git Wes' in, kase 'twus well know'd thet Daddy Suggs'es gray wus the beetinest ole thing in the 'hole kuntry fur a gwine slow, an' cud trot her bes' all day an' never git outen the shade uv a black Jack! An' so the boys a bein' monstr'us sturred up wus got 'roun' an' talk'd inter a gwine onter the tract 'fore they hed time ter think. Blazes wus on her bes' metel an' Jim han'led her monstr'us well! 'Twus a purty site ter see her gain fust on one critter then nuther ontell she'd pass'd 'em all like the win' an' got 'roun' ter the startin' pint a long ways ahe'd. Then tuther'ns com' a stragglin' in, the ole gray a doin' full jestis ter her repetashun an' a bringin' up the r'ar a long ways behin'. The boys wus cheer'd an' brag'd on, but it don' 'em no good, they'd com' ter ther senses an' wus monstr'us down harted. A seein' how they felt we all promis'd never ter tell nobody they'd raced, an' me an' the Smith boys hes hel' ter our word, kase Jim's allus treeted us better'n ennybody else on this 'ere side o' the purrary, but Lem Tanksly he up an' let it out the fust chance he got! An' it's my 'pinyun Jim wusn't a bit ter blame fur a spunkin' up an' a provin' the filly *wus* fast when we'd putt her speed down wi' sich low life trick'ry!"

"Yes I wus!" sez Jim. "When I seed ye a comin' I clum inter thet ar tree a hopin' ter see yer race in the distans, when I orter a got onter Blazes an' a run fur life, an arter Lem tuk thet ar advantige I orter a left 'fore ye got me deeper inter the scrape! 'Twus all my own fault an' I desarve ter be looked down on an' slited an' not trusted by nobody!" Et the las' his voice got monstr'us shaky an' he turn'd an' walk'd off ter hide the big teers thet wus a rollin' down his cheeks. Ever'body lisen'd ter Bird wi' a site o' intrust, an' they all 'peer'd ter pity Jim—all but me. Ever'word I'd heern made me hate him, ef possibel, a thousan' times wus'n ever. I 'low'd he cudn't git roun' *me* wi' non' o' his self abusin' talk an' cryin' an' thet I'd never forgiv' him fur a humilyatin' me 'fore the Flatters, even ef he hed bin drug inter it, ef I lived a hundred yer. An' it made me fur'os ter see father a lookin' arter him wi' sich sorry, sympathizin' eyes. I felt 'twus grate injestis ter me thet hed allus hel' musself 'bove ever'thing low an' meen an' tride ter do my dewty an' be a credit ter the fam'ly. Bird Wadkins an' the Smiths talk'd tergether sorter low, an' then com' forrids an' sed they wus monstr'us sorry they'd got inter wuss comp'ny then usooal an' jined in the distarbens agin camp meetin', an' we mout depen' on ther never a botherin' us agin. Then they started off, but Ole Daddy Suggs gether'd onter 'em an' beg'd 'em ter bring ther critters in an' putt 'em up wi' his'n an' stay in his camp an' 'ten 'meetin', but they sed they'd be 'shamed ter accep' his kin'ness arter what they'd don'. Then Paul tuk 'em in han' an' tole 'em the meetin's wus fur all thet hed did 'rong an' repented an' ud like ter do def'rent an' thet he wus a gwine ter preech et 'arly can'le lite an' wanted 'em ter heer him. Arter rite smart o' pursuadin' they promis'd ter com' in ter nite meetin', an' then went off ter ther critters. The balence uv us went back ter the camp groun', an' monstr'us few fokes know'd ennything onosooal hed bin a gwine on, an' they kep' it dark.

XXII.

PAUL WHEELRITE'S CLOSIN' SARMINT.

When Paul Wheelrite riz up in the stan' the las' nite o' camp meetin', ever'body wus on han' ter heer him preech. Them es hed don' nuthin' but sa'nter roun' ter see tuther fokes an' be seed hed mix'd in wi' the balence ontell ever' bench wus cram full an' all the chers hed ter be brung out frum the camps. 'Mong the las' ter com' wus Ole Daddy Suggs an' wi' him Bird Wadkins an' the two Smiths. He'd foun' 'em a hangin' roun' the camp groun' 'thout kurridge ter ventur' in an' pursuaded 'em ter go ter his camp an' git ther suppers, an' then he fotch 'em up ter the alter. 'Fore this 'ere time I'd tuk no purticklar intrust in a heerin' no sarmint, musself, but nobody cudn't com' inter contac' wi' Paul Wheelrite 'thout a bein' draw'd ter him arterwurds, an' his brave an' manly conduc' wi' the ruffin hed sich a monstr'us effec' on me I'd scursely los' site o' him sense. An', nater'ly, I now wanted ter git up es neer'd him es possibel an' not lose a word, an' so I slip'd inter the shadder o' the stand whar I cud see rite smart o' the fokes, tho' cleen outen site musself. Arter the singin' an' prayin' Paul riz an' tuk his tex' on the Produgal son, a handlin' uv him thet tender an' keerful like a body piti'd the porc critter frum the start. He sed thar wusn't nuthin' 'twixt the leds o' the 'hole Bibel thct totch' him up an' sot him ter a studyin' an' a reflectin' on the probubilites o' the case ekal ter this 'ere parubel. An' he tho't ef a 'arthly father'd bin ripresented thar ud a bin nuther side ter the case. An' thet he'd pictur'd it out ter hisself an' ud now set it forth fur the considerashun o' his heerers. Paul sed when the boy wus littel, more'n likely, he wus monstr'us peert an' spiled by over indulgens an' when he got older an' his ways no longer amusin' an' he wusn't two choice o' his comp'ny, insted o' bein' advised an' reeson'd wi' he'd bin tuk in han' an' de'lt too sevarly wi' an' thet ar made him stubburn an' sot him agin his home. An' a gwine on frum bad ter wuss, he got thet reckless an' aggervatin' when he tuk it inter his he'd ter leeve, an' ax'd fur his sheer uv munny, his father wus only two glad ter get rid o' him an' handed it over an' he went off 'mong strangers. An' thar he wus wi' no home inflooence nur nuthin', whatsomdever, ter keep him frum a gwine down hill es fast es he cud, an' twusn't long 'fore he reech'd the bottom. Then Paul pinted out his feelin's when he'd squander'd ever' cent he hed in the worl' on low 'sociates thet now turn'd ther backs on him an' left him ter starve. An' how he went an' hired hisself out ter take keer o' swine an' his hunger gitten' thet agonizin' he'd a bin glad ter a devour'd the shucks offen ther feed, ef he cud, an' nobody wudn't take no pitty on him. An' then he tho't o' the abundans an' ter spar' in his own home an' o' the goodness o' his father an' how he'd sin'd an' greeved an' disappinted him, an' his remors' an' sufferin's riz ter thet ar pitch he made up his min' ter go an' tell him how weeked he'd bin an' how wretched he wus an' ax his forgiveness an' say he wusn't no longer fit ter be his son an' beg ter be tuk es a sarvent. An' et home they uster heer frum him when he fust left an' o' his dredful gwines on an' arter while no furder news com' an' his father tho't he wus ded an' thet 'twus a good thing fur the fam'ly thet he cudn't disgrace 'em no longer. But es time went on the ole man got ter a missin' his lost son an' tho't mebbe he hedn't brung him up jis rite an' wusn't 'thout blame hisself. An', et las', a forgittin' all the trubbel the boy'd giv' him, he rimember'd only his kin' hart an' sympathizin' natur.

The oldes' son wus still et home, allus steddy an' quiet, never no keer nur a givin' no oneesiness ter nobody, 'peerin' ter do rite kase 'twusn't never in him ter do no uther way, an' thar wusn't no denyin' he wus a grate comfort. But tuther'n wi' his greevus faults wus allus thet brite an' cheerful the ole house 'peer'd monstr'us gloomy an' lonesom' sense he'd gon'. Arter the ole man' got ter reflectin' this 'ere way he tuk ter a mopin' roun' an' a settin' on the frunt dore step wi' his gaze fix'd on the big rode a watchin' strangers pass by. An' one day he seed a pore, ragged, dejected lookin' critter com' a stragglin' long in the distans an' stop an' hesutate an' start on agin; an' then, all uv a suddent, somethin' in his fatherly hart tole him this 'ere 'retched man wus his long lost son. An' a risin' up he cleen forgot his age an' infirmuties, in his grate joy, an' run ter meet the wander'r an' flung his arms roun' his neck an' giv' him sich a rejoicin' welcom' it mus' a mos' broke the produgal's hart. An' then, still a holdin' onter him he tuk him inter the house an' dress'd him up in the best he hed an' putt his own ring onter his finger an' made a grate feest an' call'd his frien's an' naburs in ter rejoice wi' him.

An' while the music wus a playin' an' they wus all gay an' happy the oldes' son com in frum the fiel' an' when he heern all thet hed bin did an' thet these 'ere gwines on wus kase his brother'd com' home he got mad an' declar'd he wudn't go inter the house. An' when his father com' out ter reeson wi' him he tuk on monstr'us an' sed 'twusn't rite ter do all this 'ere fur the one thet hed desarted an' disgraced 'em all an' spent his father's munny wi' low life critters; thet *he*'d allus stade et home an' minded an' behaved hisself an' bin a credit ter the fam'ly, a workin' hard an' a gittin' only what he cud eat an' w'ar an' never nuthin' ter hev a littel merry makin' wi' his frien's. An' his father tride ter pacify him an' sed ever'thing on the 'hole place b'long'd ter him, kase he'd allus stade thar an' help'd take keer uv it an' he orn't begredge this 'ere feest fur his long lost brother thet hed repented an' give up his evil ways an' com' home ter live wi' 'em agin, pine blank like one ra'sed frum the de'd an' 'twusn't nuthin' more'n rite ter show ther gratitood by rejoicin' an' thanksgivin'.

Es Paul went on a describin' the produgal an' his ole father I seed father's he'd drap inter his han's an' es the sarmint got more an' more tetchin' he bent lower an' 'peer'd ter be in a monstr'us agertated state an' I know'd he'd bin putt in min' o' how he'd treeted our Jim. But I hedn't much time fur speculashun 'fore the onfeelin' brother wus pictur'd out an' my consciens' sed thet ar cap fit me an' I mout putt it on, an' I felt thet meen an' 'shamed I scursely know'd musself. An' then Paul koted a power o' Scripter a barrin' on the subjec', a showin' tbet the dewty o' parients an' chillern wus mutooal when the chillern got ter yers o' matoority, but the parients orter begin frum the fust an' trane up the yung an' tender bein's onder ther keer in the way they shud go an' never neglec' 'em fur ther own pleasur' nur no other reeson. An' he sed sin wusn't nuthin' but a dredful diseese an' the 'hole fam'ly orter ban' tergether when one uv its members don' 'rong an' try ter save him frum a sinkin' deeper inter transgresshun an' foller him ever'whars wi' kin' words an' help him ter repent an' grow up strong in good principals an' abel ter resis' tem'tashun, 'fore lettin' him go off inter the worl' by hisself. "An' oh my bretherin!" sez Paul, "I hope the pictur' I've draw'd ull make ye all watch over yer chillern closter'n ever an' never 'low 'em ter stray off frum onder yer purtectin' keer. But this 'ere in the Book is only a parubel, writ ter show thet ever' sinner is a produgal thet hes stray'd off frum his Hevingly Father an' got inter evil ways!" An' he sed nobody cudn't sink so low in sin ur git so fur off in onbeleef thet the love an' murcy o' the Almity cudn't reech him an' draw him back thru repentans, an' thet whendever a sinner turned ter come ter Him he run an' met him wi' lovin' kin'ness an' tender compasshun an' blotted out all his sins an' transgresshuns. An' then wi' teers a streemin' down his cheeks an' his han's stretch'd out Paul went inter the alter a beggin' an' entreetin' wander'rs ter come home ter ther Father, an' then begun ter sing:

"Turn, sinner, turn, why will ye die,
When God in grate murcy is a axin' ye why?"

Ever'body'd bin thet totch up by the pow'ful sarmint sobs an' groans wus heern thru the 'hole meetin' an' a site o' fokes wus a rockin' therselves back'ards an' forrids es ef a grate storm wus a passin' thru the timber an' a swayin' the trees two an' fro. I seed Bird Wadkins an' the Smith boys a wipin' ther eyes an' all uv a suddent felt the teers a porin' down my own cheeks, like big draps o' rain. Then fust one an' then nuther riz, a clappin' ther han's an' jinin' wi' Paul's entreeties ter the onconvarted, an' Mis' Menden'all a startin' my way a shoutin' out: "Com' home, sinners! Com' home, sinners!" I broke an' run inter our camp an' tuk in furder purseedin's frum a saft distans.

All the preechers an' a site o' purfessers wus now in the alter an' mourners com' a porin' in ontell 'twus pack'd full an' then som' o' the frunt benches outside wus clar'd an' soon they wus pack'd too. Then Ole Daddy Suggs pray'd an' arterwurds Josiar Sim'son an' Lishy Menden'all started up the singin' agin, while the mourners wus a bein' talked ter by the preechers an' purfessers, thet sometime ud stop an' sing a line o' somethin' def'rent frum the mane singin', an' all the time shoutin' an' singin' wus a gwine on thru the 'hole meetin' an' all roun' the camp groun'. 'Twusn't long 'fore thar wus a site o' new convarts a jumpin' up an' a shoutin', 'mong the fust Bird Wadkins, an' not long arter him the two Smiths, an' then Ole Daddy Suggs stud up on a bench wi' Josiar Simson an' they broke inter what tuther'ns wus a singin' an' drownded it out wi':

> "Shout! shout, oh shout we're a gainin' groun',
>   Oh, halle — halle — luyer!
> An' we'll shout ole Satin's kingdom down,
>   Oh, halle — halle — luyer!"

An' all o' tuther singers a ketchin' the sperrit jined in an' made the words ring an' eecho thru the timber fur an' nigh. Not a bein' abel ter stan' no more I sot down on a bunk ter sorter collec' my senses. 'Bout then a lite shined in thru the inside door an' a lookin' I seed mother a standin' thar wi' a lamp in her han', her face thet rajeant it mos' dazed my eyes, 'peerin' ter lite up the camp more'n the lamp don'. A diskiverin' uv me, purty soon, she axes: "Es thet *you*, Jack?" an' sez, "I'm a sarchin' fur yer father! Jim he's got religion!" Dunno what com' over me, jis then, ter make all the meenness an' je'losy o' my natur' bust out, fur I sez: "Recon he's one o' them uns out thar a tryin' ter holler his he'd off!" "No!" sez mother, "He scursely opens his mouth, but a body ken see it by his looks! He never went a nigh the mourners' bench nur nuthin' nobody never a axin' uv him, recon. Brother Wheelrite com' 'crost him a settin' off by hisself an' talk'd ter him thar an' sez he com' thru monstr'us brite! I never seed sich a change in nobody—an' Oh! Jack!" sez she, monstr'us 'arnest like, "giv' him a chance—now thet he's a tryin' ter do rite!" I'd gon' up neer'd mother while she wus a talkin' an' es she stop'd father step'd in, but 'fore she cud open her mouth agin the blanket et the frunt dore wus lifted an' Paul Wheelrite com' in a bringin' our Jim an' I seed et a glans the change in Jim's countenans. His ole proud, sullin looks wus all gon' an' 'peer'd like a halloo o' glory ur somethin' wus a shinin' roun' him. They went up in front o' father an' Paul sez monstr'us solem' like: "Brother, this thy son thet wus lost is foun' agin!" an' turn'd an' walk'd outen the camp, a leevin' us by ourselves. Then Jim drap'd down 'fore father an' beg'd ter be forgiv' fur all the trubbel an' anxity he'd bin. An' father holler'd out, "Bless the good Lord!" an' lifted him up an' woun' his arms tite 'roun' him an' mother she tride ter git both arms roun' father an' Jim et onct. An' a leevin' em all mix'd up tergether, a huggin' an' a rejoicin', I rush'd outen the camp an' tore off up the big rode, a runnin' musself cleen outen bre'th 'fore I diskivered whech way I wus a gwine.

When all wus still on the camp groun' an' the lites out, I crep' back an' a slippin' in lay down on my pallet, but hedn't more'n stretched musself out 'fore Jim whispers: "Jack! I'm monstr'us sorry I run Blazes!" I cudn't a anser'd in no words ter a saved my life, but hunted 'roun' an' foun' his han' an' grip'd onter it an' we both drap'd off ter sleep,'thet away, as we uster do when we wus littel shavers, in our trunnel bed, an' clung han's tergether when we wus skeer'd o' the dark.

XXIII.

THE GRAN' MARCH AN' THE WINDIN' UP O' CAMP MEETIN'.

It hed bin giv' out thet camp meetin' wus ter eend nex' mornin' wi' a Gran' March an' by daylite all the fokes wus a sturrin' ter git brekfus' over an' pack up ther things. Waggins wus brung in by han' an' left a standin' roun' ter be loded, an' then a grate confushun o' work an' tungs begun. Tents wus tore down an' quilts an' blankets tuk offen all the dores an' beddin' an' all sorts o' househole utenshils piled inter the waggins. 'Twus sorter lonesom' an' des'late like ter look thru the empty camps stripped o' ever'thing 'cep' the straw on the groun' an' a few stray traps. Paul Wheelrite hed com' arly an' tuk father an' Jim off some-'ars fur a talk an' I'd don' the bigges' eend o' our lodin' up musself an' started roun' behin' our camp on a tower o' observashun when I run agin Lishy Menden'all, thet nabbed me by the arm. Then he holler'd out so's Mis' Menden'all an' Kizzy cud heer: " The harvest's past, the summer's eended an' Jack aint saved! " an' begun ter rave an' exort over me, a tellin' me the only way ter 'scape the bad plaice wus ter subjew my stubborn will an' kneel down rite then an' thar an' he'd pray fur me an' I cud bring in his teem an' hitch it up fur him arterwurds. I stold a look et Kizzy an' seed she wus a tryin' ter hide a twinkel in her eye an' then a gittin' monstr'us 'rathy I jerked loose an' tole Lishy I wus much obleeged fur his kin' intrust in me, but I hedn't no time ter swop work thet mornin', an' run off jis' es the horn blow'd fur the Gran' March. This 'ere wus ter be the las' sarvice 'fore the brakin' up o' camp meetin' an' fokes drap'd ther work an' flock'd in droves ter the benches an' inter the alter. A bein' morelly certing o' gittin' inter clost quarters ef I show'd my face 'mong 'em, I tuk observashuns frum my ole post an' seed Paul Wheelrite an' som' o' tuther preechers a startin' 'em all off two an' two in par's, Joel Tomson an' the rantin' ex'orter et the he'd an' Josiar Simson an' Lishy Menden'all nex' ter leed the singin', then a passel o' Littel Muddyites an' Ole Daddy Suggs an' one o' the Smiths an' Bird Wadkins an' tuther Smith jis' behin', then thar wus a mixin' in o' men fokes monstr'us purmiskus like, som' es hed bin et outs fur yers a marchin' tergether es dosile es twin lam's. Mis' Menden'all an' mother wus putt et the he'd o' the wimmin fokes, an' a keepin' a sharp lookout I diskiver'd Kizzy an' Becky Suggs lock arms tergether.

Then the pursesshun begun ter march roun' the inside o' the camp groun', Paul Wheelrite an' our Jim a bringin' up the r'ar an' Josiar an' Lishy struck up the ole ship o' Zion thet wus eechoed all 'long the line, but thar wusn't no keepin' tergether an' 'twusn't long 'fore ev'ry secshun wus a singin' on its own hook, som' a gittin' the chune thet tangel'd up an' pitch'd so def'runt a body cudn't a tole what mos' o' the fokes wus a tryin' ter sing ef they hedn't a know'd afore. When Josiar an' Lishy'd sung ther part o' the ole ship inter port an' started out on somethin' else the eend o' the line hed jis' got inter a good way wi' " H'ist ever' sale ter ketch the gale " an' 'bout ha'f the pursesshun hed quit singin' an' gon' ter shoutin', som' a marchin' an' a smilin' wi' ther han's a reechin' up es ef they mos' seed the Hevingly gates a openin' ter take 'em in. An' when they got roun' ter the littel berryin' groun' agin, somebody 'mong the strangers sung:

> " My berried fr'en's can I forgit?
> Or mus' the grave etarnel sever?
> They're ling'rin' in my mem'ry yit
> An' in my hart they'll live forever."

An' som' broke ranks an' flung therselves a shoutin' on the graves o' them they'd lost an' tuther'ns kep' on a marchin', ever'body a singin' ur a shoutin' ter soot therselves. 'Peer'd ter me this 'ere mout be like the Judgment day an' the purcesshun them es hed com' in frum the east an' west an' north an' south ter set down in the kingdom prepar'd fur 'em frum the foundashun o' the worl'. Arter they'd sung an' march'd a long spell Paul Wheelrite stop'd an' when Joel an' the ex'orter com' roun' they he'ded in an' the bigges' part o' the fokes wus got inter the alter an' onter the benches, then Paul stud up in the stand an' purnounced the benedicshun, but by this 'ere time the shoutin' hed got ter thet ar pitch monstr'us few heern him. Then his critter wus brung in frunt o' Lishy Menden'all's camp an' arter a puttin' his Bibel an' him book inter his big trav'lin' bags, he flung 'em onter the saddel an' strap'd his overcote in a roll behin'. Then a mountin' he rid off, a site o' fokes a follerin' him ter the big rode whar he stop'd an' a liftin' up his han's purnounc'd nuther blessin' on 'em an' canter'd off to'ards the purrary, a leevin' tuther preechers ter ca'm down the fokes an' win' up the meetin', but the fust cudn't be did, an' a site o' wimmin fokes hed ter be loded inter waggins a shoutin' an' rejoicin', an' som' o' the men started off home a drivin' ther oxens an' a singin' et the top o' ther voices.

XXIV.

CAMP MEETIN' EFFEC'S.

'Twus days 'fore camp meetin' soun's 'peer'd ter die out an' weeks 'fore fokes got settel'd down agin inter ther ole life. Ever' beller uv a oxen, ever' howl uv a dog ur blate uv a lam' sounded in a body's yers like singin' an' shoutin' an' 'twus a monstr'us releef ter hev this 'ere over an' ever'thing nateral like onct more. Our Jim fell inter father's ways, never a givin' him a grane o' oneesiness nur trubbel no more frum the nite he purfessed, an' the naburs 'peer'd ter forgit he'd ever don' 'rong an' soon he wusn't nuthin' but a gin'ral favoright in all the settelmunt. An' whendever Paul Wheelrite com' roun' he made our house hedquarters, peerently ter be wi' Jim; an' he orgunized naburhood prayer meetin's ter sorter bring all y'ung convarts forrids an' help 'em ter take up ther cross in public an' git well started in the good way they'd sot out ter travel. Sometimes Paul stop'd an' preech'd a sarmint in Post Oke Flat an' then made reg'lar 'pintments thar fur Ole Daddy Suggs, ever' two weeks, an' 'twusn't long 'fore the bigges' part o' the Flatters wus tuk inter meetin' an' then they went an' plow'd up ther tract an' non' uv 'em wus never know'd ter hoss race agin. Lem Tanksly he got inter trubbel on the river, 'bout a helpin' kidnap a passel o' free niggers, an' a sellin' 'em down south, an' wus ja'led som'whars in Tennysy, an' the hoss theeves never show'd ther faces in non' o' the settelmunts agin. 'Twusn't long 'fore a monstr'us good fam'ly moved in an' lade ther clame not fur frum Kiar Smith's an' thet ar wus the beginnin' uv a better kin' o' fokes in Post Oke Flat. The oldes' son' o' these 'ere new comers ust ter ride over ter our meetin's ever' Sundy wi' Bird Wadkins an' the Smith boys an' him an' Becky Suggs tuk sich a monstr'us likin' ter one nuther, frum the fust, 'twusn't no time 'fore they wus promis'd an' thet ar 'peer'd ter start up a site more ter 'rangin' ther matteramonyal affa'rs. Josiar Simson' hangin' roun' arter Kizzy made Zurrildy Prigmore spunk up an' fling him overbord altergether, a givin' Tobe the pref'rence, a takin' han's an' a startin' off wi' him ter the spring while Josiar hisself wus a talkin' ter her. Then Wesly Suggs an' Sally Ann Jones com' out bole an' inderpenden' like an' Elick Jones he made up ter Patsy Briggs an' thet ar agged on tuther'ns an' thar got ter be sich a big purceshun a gwine ter the spring holdin' han's, 'twix' meetin's, a body hed ter back out inter the bresh an' stan' thursty a long time 'fore they all got ther turn et the gourd an' started back ter meetin' agin.

The fust Sundy arter camp meetin' I wus on the groun' 'arly fur privat' reesons not know'd ter nobody but musself. Arter a hitchin' Blazes I sot down onter a ole log commandin' a good v'ew o' the big rode on the Menden'all side an' 'twusn't long 'fore I seed a passel o' fokes a comin', Lishy Menden'all a steppin' high an' dry 'twix' two wimmin fokes, his big brass buttons a shinin' an' his tung a waggin', es I know'd by the way his hed kep' a turnin' frum one side ter tuther, pine blank like a bird a lis'nin' fur thunder. Es they com' neerder I seed 'twusn't Kizzy wi' him an' Mis' Menden'all, but her mother thet moved like a y'ung gal wi' her hed monstr'us high an' thet proud an' hau'ty 'peer'd es ef she disdaned the groun' she walk'd on. I got back by a short cut 'fore they com' inter meetin' an' when Josiar Simson seed 'em he drap'd his hed an' 'peer'd so monstr'us disappinted an' downh'arted it sorter riconciled me ter the absens o' Kizzy. Her mother tuk her seet 'thout turnin' her hed rite ur left an' kep' her sparklin' cole black eyes fix'd on Ole Daddy Suggs thru the 'hole sarmint, but didn't 'peer es ef she seed him but wus obsarvin' somethin' a fur ways off in the distans. When meetin' wus over she went back up the big rode by herself 'thout sayin' nuthin' ter nobody, fokes a lookin' arter her es ef they seed a appurishun. Lishy an' Mis' Menden'all hed brung ther snack, like most o' tuther'ns, an' stade fur evenin' preechin'. Arter the usooal marchin' ter the spring an' back fokes went inter meetin' an' while the fust him wus a bein' lined off I seed Kizzy step over the dore sill w' a chunk uv a boy thet favor'd her monstr'us. She hed on a white dress an' a white ruffled sunbonnet tied behin' wi' a blue ribbing an' wus sorter flush'd up frum a walkin' fast an' a fannin' herself wi' her hankicher dubbled over a withe bent inter a bow. Josiar Simson hed jis stretched his mouth ter sing when he kotch site o' Kizzy an' then he britened up ter thet ar pitch it mos' run me distracted, an' ter make matters wuss, when Kizzy sot down he moved 'roun' ter whar he cud look inter her face, an' me off in the furdes' cend o' the meetin' house not a gittin' a glim'se o' nuthin' but the blue ribbing on the back o' her bonnet. Then they stud up an' sung, but Josiar's voice wus thet hateful an' aggervatin' ter me I cudn't think uv its bein' like nuthin' but a big, drony bumbel bee a buzzin' in a hogsit, only louder. Lishy an' his tenurs wusn't much better nuther, all uv 'em 'peerin' ter be a singin' outen chune, but mebbe I wus outen chune mussel, fur when the tribbel struck in an' Kizzy's voice flo'ted sweet an' cl'ar 'bove the rest it lifted me up cleen outen all my hateful feelin's an' made me want ter be a better man an' more wurthy o' her, kase I jis know'd one thet cud create sich hevingly music mus' be good an' true herself. Arter meetin' Josiar got a invite frum Lishy ter go home wi' him an' they all started off tergether, Josiar a leedin' his critter an' a tryin' ter sidel up ter Kizzy. They passed me es I wus ontyin' Blazes an' Kizzy giv' me a monstr'us fr'en'ly look thet nobody obsarved but musself, an' then somehow she got in 'twix' Mis' Menden'all an' her brother, a leevin' Josiar no choice but ter accommerdate hisself ter Lishy's comp'ny all the way home.

When the prayer meetin's wus started our Jim got thet ilokent ever'body wonder'd how a pore backwoods boy thet cudn't reed a word in the Bibel cud putt up sich purtishuns. An' a site o' fokes com' ter father an' tole him it hed bin sorter impress'd on 'em thet our Jim orter be a preecher, but father ax'd 'em never ter menshun the subjec' ter Jim, a holdin' thet ef he wus ter be call'd ter preech the gorspel he orter heer the onmistakabel summuns hisself, an' not hev nobody else a heerin' uv it fur him. Dunno what Paul Wheelrite tho't, but arter corn getherin' time he got father's consent fur Jim ter travel roun' an' ten' meetin's wi' him fur the winter, a promisin' ter larn him his books.

XXV.

MIS' MENDEN'ALL'S VISIT.

One monstr'us purty day in October Mis' Menden'all she mounted her critter an' com' over ter make our fokes a visit. She hed a site ter say 'bout camp meetin', the good it don' an' how lucky 'twus fur her thet Mis' Reed an' Kizzy happen'd 'long 'bout then, them a bein' abel ter turn ther han's ter ennything an' a takin' holt frum the vary fust es ef they'd allus bin uster the plaice, never a wantin' her ter tetch a blessed thing. An' she sed when they got onter the camp groun' Kizzy kep' things a gwine on thet smooth a gittin' up ever' mornin' soon arter daybrake, allus a shuvin' the work ahe'd an' never a lettin' it git behin' ter push so it 'peer'd thar wus time fur ever'thing. An' she sed Kizzy allus sent her out ter preechin' when the horn blow'd, a sayin' she cud heer all the singin' while she wus a cl'arin' up the brekfus' things an' set behin' the blanket et the dore an' peel her taters an' turnups fur dinner an' ketch might' nigh ever' word o' preechin'; an' thet ef a lot more fokes than wus expected com' in et meal time an' the vittals wus likely ter run short Kizzy'd stur up a pan o' batter an' peece out wi' flitters an' fry up a passel o' aigs in no time, 'thout the scurcity ever a bein' notis'd. An' she sed 'twus onpossibel ter tell all the good she got outen meetin' jis kase Kizzy wus so forehanded an' tho'tful uv her, never 'lowin' her ter be bother'd 'bout nuthin'. Then a turnin' ter me all uv a suddent she sez: "Thar's the gal fur *you*, Jack!" The remark flustrated me monstr'us, but mebbe I cud a ans'er'd somethin' ef when I look'd up I hedn't a seed our Mose a bracin' hisself agin the dore facin' a grinnin' an' a pokin' his tung out et me. I frown'd, monstr'us cross, an' then he kick'd up his heels, like a y'ung colt, an' bolted outen the house. Recon they all tho't I wus mad thet Mis' Menden'all hed banter'd me thet a way, kase father spoke up quick an' sed he s'posed Jack was cut out fur a reg'lar ole bach'lor, kase he never seem'd ter keer nuthin' fur the soci'ty o' y'ungsters. Then mother ax'd whar the Reed's com' frum, an' Mis' Menden'all sed frum one o' the furdes' frunteer settelmunts, thet the father died out thar an' the fam'ly wus a makin' ther way back ter ole Kaintuk ter Mis' Reed's peepel, thet wus in good sarcumstance, thet they'd got som' fokes a gwine the same way ter move 'em, an' while they wus on the rode the littelest Reed boy wus tuk down wi' fever'n ager an' they hauled him ontell the joltin' o' the waggin mite nigh run him distracted an' then they reech'd *her* house an' stop'd. An' she sed tuther fam'ly wated a few days, an' a seein' the boy wusn't likely ter be no better soon, started on arter onlodin' the Reed's littel han'ful o' househole utenshils an' beddin', An' thet ever'thing thet b'longed ter 'em wus neet es a pin an' ther few cloes well made an' mended up mos' like new. An' she declar'd she'd never com' crost sich larned fokes in all her born'd days, ever' one uv 'em, even down ter the littlest boy, a bein' abel ter reed in the Bibel thet glib it mos' made a body's he'd swim ter heer 'em, an' they know'd a power o' hims by hart an' cud all sing, but what wus the stranges' thing, she sed, this 'ere book larnin' hedn't spiled 'em non', all uv 'em a bein' tip top workers. Mis' Menden'all sed she kinder tho't the father didn't know much *but* books, an' thet the mother'd hed ter do weevin' an' all sich work ter keep up the fam'ly, an' thet onct when she ax'd Mis' Reed whar she'd larnt ter do so menny things she sed one plaice an' nuther sense she wus marrid, thet her fokes hed lots o' niggers an' she wusn't brung up ter work. Mother ax'd Mis' Menden'all ef the Reeds wus a gwine ter winter wi' her an' Lishy an' she sed she wus afeer'd not, tho' she'd argy'd over an' agin 'tud be bes' fur all han's ter keep 'em rite on in tuther house, but Lishy sed they'd bin thar long nuff an' ef he purtended ter keep tavern the ole house ud be needed fur movers, an' she'd sed they cud take the fam'ly in wi' *them* an' let the boys sleep in the loft, but Lishy sed thar wusn't no rufe in the 'hole worl' big 'nuff ter kiver two fam'lies an' she didn't know but he wus more'n ha'f rite, ennyhow men fokes never liked ter be con*tr*aried non' an' 'twus better ter giv' in than ter try ter upset him. An' Mis' Menden'all sed Lishy 'low'd ter take Mis' Reed's boys down ter the ole house in Papaw holler an' help 'em chink an' dob it over agin an' move the fam'ly in an' let 'em take her wheel an' loom 'long wi' 'em an' make up a lot o' cloth fur her an' Lishy, while they wus thar, an' the boys cud chore roun' fur him an' pick up plenty o' de'd wood ter keep ther fire a gwine 'thout takin' time ter chop fresh timber. An' Mis' Menden'all sed sense the Reeds hed com' she'd got her "Mornin' Star" don' an' 'low'd ter hev it quilted when Lishy hed his big corn shuckin' he'd bin a layin' off ter hev ever' sense he'd com' inter the settelmunt. When the sun begun ter sink down to'ards the horizun, I brung out Mis' Menden'all's critter an' she got on an' rid off home her visit a havin' don' us all a site o' good, me in purticklar a bein' monstr'us sot up ter know thet Kizzy wusn't a gwine ter leeve thet winter. Shore nuff Lishy Menden'all never giv' nobody no rest ontell he got the Reeds moved inter the ole tumbel down caben in Papaw holler wi' cracks left big 'nuff ter a flung a middlin' size dog thru arter all the patchin' up wus finish'd. Mis' Menden'all lent 'em ever' thing she cud spar' outen the house ter make 'em comfurtabel an' the boys never went home frum chorin' roun' fur Lishy 'thout a bein' loded wi' purvisyuns o' som' kin' ur nuther. The wimmin fokes went ter work wi' ther spinnin' an' weevin', a doin' the bes' they know'd how ter try an' be independen' like. Papaw holler wusn't fur frum the meetin' house an' Kizzy never faled ter be on han' ter help out wi' the singin' ever' Sundy an' no sorter we'ther, whatsomdever, cudn't never keep Josiar Simson et home frum meetin', tho' 'cordin' ter my noshun he cud a bin spar'd monstr'us well. 'Twusn't diffucult ter gess who the attracshun wus thet draw'd him, but es fur thet, ever'body tuk a likin' ter Kizzy 'fore she'd bin two munth in the settelmunt, an' no wunder, nuther, kase she allus hed a kin' word an' fr'en'ly smile fur ole an' y'ung an' sich purty modes' ways, never 'peerin' ter think no more o' herself ur her bewty than som' sweet littel wile posy a growin' a fur ways off by itself in the timber.

XXVI.

THE CORN SHUCKIN'.

Fall went by an' winter'd got well onder way an' no sines o' Lishy Menden'all's long promis'd corn shuckin', an' all the y'ungsters settel'd down inter the b'leef thet it hed eended in talk es usooal. But mebbe Mis' Menden'all a bein' 'shamed o' her ole man's braggin' yer arter yer o' how fur he'd gon' ahed o' ever'body else a ra'sin' big craps an' how he 'low'd ter show 'em off, hed manoover'd roun' an' brung him et las' ter keep his word. Ennyhow, all uv a suddent, he sent fur Tobe Jones an' Wesly Suggs an' sot a day fur the shuckin' an' ax'd 'em ter ride roun' an' giv' the invites, instructin' uv 'em ter skip over all week an' puny y'ung men in fam'lys an' pick out only good workers. But Tobe flar'd up, monstr'us, an' tole him ef he low'd ter slite an' insult fokes, thet a way, he'd hev ter do his own invitin', kase him an' Wes' wudn't hev no han' in sich low life bizness. Lishy tride ter smooth it over by sayin' he didn't want nobody ter resk ther he'lth by a comin' out in the cole ter shuck corn fur *him*, but ef the boys tho't def'rent they mout giv' the invites ter soot therselves. This 'ere bein' settel'd, Mis' Menden'all call'd Tobe ter one side an' tole him while he wus 'roun' invitin' the y'ung men fur Lishy, ter ax all the gals ter her quiltin', the same day, an' not ter take nobody's workin' qualit'es inter considerashun, fur 'twusn't offen the y'ung fokes got tergether an' she wanted 'em all ter hev a rale good time. An' Tobe sed she mout dipen' on him ter make a cleen sweep o' ever' gal in the 'hole settelmunt, ole an' y'ung, purty es a pink, ur ugly es sin, an' ef he foun' enny y'ung widders a lookin' down harted an' lonesom' like he'd ax *them* ter com' 'long two. Mis' Menden'all laffed over this 'ere ontell she jis cried an' tole Tobe he wus the beetinest han' wi' his tung she'd ever seed an' nobody cudn't *stay* lonesom' nur downh'arted long wi' him roun'.

When the 'pinted day fur the shuckin' an' quiltin' roll'd roun' 'twus thet bitter cole ever'body mos' friz on ther way ter Lishy's. O' corse the gals went inter the house, et onct, but Lishy stud outside o' his bars all bundel'd up frum hed ter foot, an' wi' his big fur cap pull'd down over his yers, an' sent all the boys ter warm up et a big fire he'd bilt neer'd the cribs. But 'twusn't o' much use, the win' a shiftin' roun' an' a drivin' the smoke inter a body's eyes whichsomdever side they went. An' es more y'ungsters arriv' thar wus sich a crowd the fust comers hed ter stan' back 'fore a gittin' the num'ness outen ther fingers. Then Lishy 'peerin' monstr'us oneesy an' onpatient fur us ter begin work, a hintin' thet 'twus late an' the days short, we all spoke up an' sed we wus reddy. He step'd off brisk an' tuk us inter his bigges' crib an' we all sot out wi' a will an' I don' 'low the same 'mount o' corn wus ever pull'd outen shuck in so short a time 'fore or sense, fur we'd got sorter des'prit like wi' cole an' som' a havin' left home 'fore daylite wus monstr'us hungry. We'd all expected ter be tuk inter the house ter warm up an' git a littel bite o' somethin' ter eat when the fust crib wus don'. But in this 'ere we wus monstr'us mistuk, fur Lishy hurry'd us inter nuther'n an' sed we'd better finish our stint while our han's wus in an' we wus harden'd ter the cole. Ter do him jestis it can't be denide thet Lishy work'd hard 'nuff hisself when he wus thar, but he made a site o' trips inter the house, 'peerently ter see what wus a gwine on, allus a comin' back wi' big reports o' what the gals wus a doin' a urgin' uv us ter work faster an' keep ahed o' *them*, when we wus alreddy a doin' our level best 'thout no pushin'. Then he'd try ter cheer us up wi' the prospec' o' havin' a lot o' fun wi' the gals arter the shuckin' wus all did. A body mout a hoped fur som' ricompense fur all we wus endoorin', wi' fingers mite nigh friz an' feet thet num' we scursely know'd 'em apart es we flung 'em roun' onder the shucks ter keep up the circoolashun. But we wus a gritty set o' y'ungsters an' tho' our dander wus up et Lishy's onfeelin' conduc', no compla'nte wusn't made, but es the day wore on a sickly lookin' y'ung feller, blue wi' the cole, ax'd Lishy ef he didn't think the work ud go on faster ef we went inter the house, a passel et a time, an' warm'd up a littel. Lishy tole him he 'low'd thet ar wus only a dodge ter git a look et the gals, an' ef he'd work up a littel brisker, 'twudn't be long 'fore the shuckin' wus don' an' he cud go in an' stay wi' 'em. A faint laff went 'roun' et this 'ere, but thar wusn't much sperrit in it an' ever'body relapsed inter glumness, the y'ung feller thet spoke a blowin' on his han's ter git 'em limber'd up. Lishy wns es sharp es a steel trap an' a gessin' our tho'ts sed it *hed* bin a purty cole day, but the wether wus a moderatin', the win' a havin' got roun' inter the south. Nobody a respondin', Lishy tuk a look roun' the surcel an' sed mebbe a drap o' somethin' hot wudn't com' amiss, an' the bigges' part o' the countenences a britenin' et the idee, he sed he'd go ter the smokehouse an' see what he cud hunt up. Then he went off an' stade a long time an' fotch out a big jug wi' a corn cob stopper an' sot it down in a korner an' sed he 'low'd ter shuck a few yers ter sorter ketch up wi' tuther'ns 'fore a passin' it roun'. Ever'body know'd this 'ere wusn't nuthin' but a excuse fur a holdin' onter the licker ontell the las' minnit, kase he begredged it. This 'ere meenness o' Lishy's 'peer'd ter rouse up Tobe Jones thet hed bin monstr'us still an' onnateral all day, som' 'lowin' he'd hed a spat wi' Zurrildy. Howsomdever thet mout a bin he now riz, slow an' deliberat' like, an' went an' tuk a long look et the jug, then bent over an' smelt o' the stopper, an' shuk his hed mo'rnful like, an' et las' begun ter clap his han's back'ards an' forrids onter his brest, a remarkin' ter Lishy thet es a v'ewin' the jug an' a smellin' the corn cob hedn't warm'd him up non' he'd try a littel exercisin' while Lishy wus a shuckin'. The roar o' laffture thet went up et this 'ere let out ter Lishy what the boys tho't o' him, ef he hedn't foun' it out afore, an' a lookin' monstr'us whopp'd out he riz an' pass'd roun' the jug 'thout a openin' his mouth, ontell he reech'd me an' Josiar Simson, thet wus the two las' in the surcel. Tuther'ns all 'peer'd ter relish the licker, monstr'us, an' us a refusin' it altergether Lishy sed he'd drink fur us an' po'red down a whoppin' swig fur me an' a bigger'n fur Josiar, a sayin' 'twus his dewty ter see we wusn't stinted. Then he tilted the jug up fur his own dram an' kep' the bottum in the a'r sich a long time Tobe Jones sed 'peer'd like he didn't 'low ter stint hisself nuther. Three sich drinks ud a upsot mos' men, but Lishy a havin' bin brung up a Hard Shell cud stand a monstr'us site o' licker an' keep his ekilibrum. 'Twus sed he'd promis'd ter giv' up drink 'fore the Widder Grigs ud agree ter marry him, but only stop'd ontell arter the surumony, then tuk his dram on the sly an' arterwurds com' out bole an' allus kep' his licker on han' by 'holesale. Even them times rite smart o' the Methodis' wus agin sperrits, tuther'ns a holdin' 'twusn't no harm ter take 'em in moderashun, purticklar ef a body wus subjec' ter enny kin' o' dispepsy spells, even Ole Daddy Suggs a holdin' thar wusn't no Scripter agin takin' a littel som'thin' fur the stummick's sake. 'Twusn't long 'fore a passel o' the boys got purty lively, an' Tobe Jones thet hedn't more'n totch his lips ter the jug hisself, sed 'twusn't no wonder, kase a dram o' Lishy's licker wus ekal ter a pint o' ordunary sperrets an' the jug orter be labul'd "*Ded Shot*, warrunted ter bring down its man et forty yards." Et this 'ere Lishy frown'd monstr'us but the boys cheer'd Tobe, a clappin' an' a hollerin' thet loud me an' Josiar shuv'd back a peece ter git outen the racket, an' he tuk the oppertunity ter ax why I didn't take no licker, an' ef I hed screwples. I tole him I'd never hed no hankerin' arter drink an' no screwples nuther, but my fokes wus agin it, an' 'twusn't no use ter try ter create a appertight fur licker jis ter keep out the cole. An' then I ax'd why he didn't drink an' he sed his'n wus a con*trair*y reeson, thet he hanker'd two much an' ef he tuk his dram ter help him bar the cole wether he'd want it ten times wuss ter bolster him up in hot wether, thet he cud allus fin' plenty o' excuses fur a porin' it down an' thet licker wus sich a monstr'us hard master, when it got the upperhan', the the only way wus ter shut down onter it fust an' last an' ter *stay* shet down. While Josiar wus a talkin' I observed Lishy a turnin' his hed our way ter lis'en an' purty soon he called out ter me an' sed the dinner wus a gwine ter be monstr'us good, kase somebody him an' me know'd wus a makin' the pies an' thet I orter see her nimbel fingers a pinchin' roun' the rims an' ef I did thet he 'low'd I wudn't think they needed no sweetnin'. 'Twusn't hard fur nobody ter gess who wus a helpin' Mis' Menden'all wi' the cookin' an' I felt musself a flushin' up monstr'us ter be pitch'd onter, thet a way, but a chancin' ter look sideways et Josiar, I seed his face wus a site redder'n enny o' them es hed drunk the licker an' it give me kurridge ter speek up an' tell Lishy I 'low'd he'd bin mistuk in his man an' me'nt somebody else. But I mout a know'd 'twusn't no use, kase he talk'd up louder an' sed he know'd who he wus talkin' *two*, an' *I* know'd monstr'us well who he wus a talkin' *'bout*. I sed it didn't consarn us what nobody wus a doin' inside, our bizness wus ter hurry up an' git thru our own work. Then Josiar got a grip onter him in som' onderhanded sorter way an' changed the subjec'. 'Twus cur'os es well es aggervatin' thet Lishy'd got a inklin' o' my pref'rence an' hinted et it then fur the fust time, kase my tho'ts hed bin on Kizzy the 'hole day, an' ever' sense I'd know'd the shuckin' an' quiltin' wus ter take plaice I'd lade off ter go home wi' her thet nite an' fin' out whether she wus my way o' thinkin' ur not, an' try ter put a eend ter all my oneesiness 'bout Josiar, an' giv' her a chance ter say I'd bin mistuk an' mout travel my own rode 'lone so fur es she wus consarned ur the contrairy. I'd kep' my word wi' Mose, an' Blazes wus broke ter carry dubbel, but I didn't know but she mout brake our necks while we wus 'bout it, kase not a knowin' what ter make o' this 'ere onusooal purseedin' she'd run an' r'ar an' kick an' do her bes' ter fling us, but I watch'd her movemunts clost an' acted 'cordin', an' Mose he wus thet tick'led ter ride he'd grip holt o' me an' stick on like a leech. Blazes wus safet 'nuff, now, an' I 'low'd ter ax Kizzy ter ride home behin' me an' when we got started ter make my filly prance an' whirl roun' es I'd larnt her an' tell Kizzy ter hole on tite ter me an' then begin on the purty talk I'd got all cut an' dride fur the occashun. An' dunno but I orter record thet I aint never heern o' no y'ung feller's stickin' ter what he sot out ter say onder sarcumstances o' this 'ere kin'. Fur's I ken tell gals, wi' som' few excepshuns, is monstr'us skittish like an' onsartin, an' 'fore ye know what they're arter an' 'peerently, 'fore they've foun' it out therselves, ull shy roun' all uv a suddent an' upset ever' one o' yer plans, an' ye've got ter go ter work an' bild 'em over agin an' mebbe not git the gal arter all yer panes. Well, arter while Lishy went ter pleggin' Tobe Jones an' they hed it up an' down, whittity what, fur a long time, but Lishy not a makin' no hedway got sorter diskuridg'd an', ter make him shet up his jaw, Tobe tole him the jug wus a gittin' lite an' he'd better fill it agin. Arter a monstr'us show o' reluctings, Lishy went off an' brung more, but this 'ere time never tuk no dram fur me nur Josiar, nur fur hisself nuther, but kep' a moseyin' in an' out so offen Tobe 'low'd he'd sot up a privat' grog'ry in the smokehouse wi' hisself es the only custumer, an' he 'peer'd ter be a carryin' on a middlin' lively bizness. When the boys com' ter try the secant fillin' o' the jug they sed the licker wus monstr'us week an' they jis know'd it hed bin water'd, but a jedgin' frum the silly way Lishy's tung kep' a runnin' they didn't 'low *his*'n hed bin water'd a bit. We'd putt in our time well, a hopin' ter git thru 'arly, an' thar wusn't one thet hedn't 'arned his dinner a duzin times over, but 'twus duskish like 'fore our job wus don' an' the las' nubbin raked out frum onder the shucks, an' Lishy jis hed ter acknowledg' 'twus the bigges' day's work he'd ever know'd don' in the settelmunt, or even back thar in Tennysy. An' then he let out thet dinner'd bin reddy an' a watin' more'n two 'ours an' he'd hed a monstr'us hard time ter keep Mis' Menden'all frum a comin' out herself an' a takin' us frum our work ter eat it, but he'd made her b'leeve we'd ruther stay an' finish up 'fore a gwine in, so's we'd not hev ter be siperated frum the gals agin. An' he tole us they'd don' a power o' work too, a gittin' the quilt outen the way 'fore the tabul wus sot, but he didn't tell, what we foun' out arterwurds, thet Mis' Menden'all hed basted the quilt inter the frames two or three weeks afore, an' putt in all her spar' time on it ever sense, so thar wus precious littel fur the gals ter do when they com' but ter enjoy therselves.

XXVII.

THE DINNER.

We shuk an' bresh'd the dry corn silks offen our cloes an' went inter the house. The big fireplaice tuk up one eend o' the room an' the ple'sur' o' seein' the monstr'us logs a roarin', a cracklin' an' a blazin' up the wide chimbly mos' riconciled us ter the cole we'd endoor'd thru the day. An' a rushin' in 'thout a lookin' rite ur left we crowded onter the brawd ha'th an' the comfurtabel heet shot out an' warm'd us up in less'n no time an' then we turn'd roun' an' tuk a look inter the room an' thet ar don' us 'bout es much good es the fire. The gals wus all huddel'd tergether, som' a settin' on the beds an' tuther'ns a standin' up a leenin' agin one nuther, all but one, an' I ricollected thet *she*'d help'd wi' the cookin', thet more'n likely'd bin don' in tuther house, an' es Mis' Menden'all wus a miss'n I 'low'd the two hed stay'd back ter putt the finishin' tetches onter som' deesh. In the middel o' the long tabel thet tuk up the senter o' the room stud a roasted shote thet look'd mos' es naceral es life, wi' a yer o' corn in its mouth an' a ring o' tumblers full o' biled custard wi' littel dabs o' red jell on top a surclin' roun' it. An' piled on ever'whar's on the outside o' this 'ere wus ven'zon an' wile turkey an' jole an' cabbage an' punkin butter an' cowcumber pickles an' biskits an' smokin' hot corn aigy bred an' stacks o' all kin's o' pies an' cakes know'd ter pi'neers an' a smell o' fride ham an' coffee a purvadin' thet putt on the cap sheef an' made us ten times hongrier'n ever. Mis' Menden'all hed the name o' bein' the bes' cook an' freest wummin wi' her purvisyuns in all the settelmunts, an' now she com' in wi' more daint'es an' stud et one eend o' the tabel, dress'd in her neet brown linsy, wi' a white silk han'kicher tide over her cap, a smilin' et us, an' a sayin' she wus monstr'us sorry we'd hed ter be so late a gittin' our dinners, an' ter set down 'thout no furder delay, an' her an' the gals thet hed hed ther dinners 'arly ud wate on us. No secant invite wusn't needed an' all the boys rush'd ter the tabel. While Mis' Menden'all wus a talkin' I'd pick'd out a plaice clost ter som' o' my fav'rite vittals an' wus a makin' fur it when the dore open'd an' Kizzy stud behin' Mis' Menden'all wi' the big coffee biler in her han's: then all tho'ts o' eatin' flew cleen outen my he'd an' all uv a suddent, I jis' drap'd inter the fust cher I com' ter. I mout a sed she putt me in min' uv a pictur', but them ar times I'd never seed non' 'cep' the sassy lookin' y'ung wimmin fokes dress'd in green an' red, wi' eyes a follerin' wharsomdever you went, pa'nted onter the clocks the Yankee pedlers hed begun ter distribit thru the settelmunt. Ennyhow the imag' o' Kizzy a standin' thar in her blue homespun dress, wi' som' sorter thin white fixin' over her shol'ders, her goldish brown ha'r a wavin' roun' her white forrid an' her blue eyes so brite an' her cheeks so rosy, wus stomped onter my memury in colurs thet aint never faded yit. I hedn't me'nt ter hev more'n one good look, but somehow my eyes wudn't turn no uther way an' when the boys hed all sot down she glanc'd 'long the tabel an' a seein' me a starrin' et her turn'd es red es a poppy an' mos' drap'd the biler. Jis' then Lishy Menden'all clar'd his throte an' I diskiver'd he wus a settin' et the eend o' the tabel ter the rite o' me a tryin' ter attrac' my attenshun. When he kotch my eye he giv' me a tremenjus wink an' holler'd ter Kizzy ter bring on her coffee an' she started roun'. It tuk Josiar Simson a monstr'us long time ter git his cup fill'd ter his noshun an' then he kep' Kizzy thar a talkin' when tuther'ns wus a watin', a tellin' her he'd heern she made the pies an' ef she'd biled the coffee two, he didn't 'low ter tetch nuthin' else *but* pie an' coffee, but I obsarved thet he *did* pile in more kin's o' fodder then ennybody else, 'cep' Lishy, an' Massy sakes! how the purvisyuns *did* disappeer roun' *him*. An' then Tobe Jones mus' hev *his* say. I know'd he wusn't only a tryin' ter torment Zurrildy, thet stud et the back o' his cher, kase she'd led him sich a wile goose chase 'fore a givin' in, but, fur all thet ar, it bother'd me rite smart ter heer him a runnin' on an' a jokin' wi' Kizzy. She'd anser'd up Tobe's nonsense purty lively, a givin' back es good es he sent an' when she got ter me I started in wi' the same sort o' fool'ry, whech not a bein' my stile, she mus' a tho't I'd bin a tamperin' wi' the jug, fur a lookin' monstr'us surpris'd she fill'd my cup 'thout a word an' hurrid on ter the nex'. A realizin' I'd made a grevyus mistak' I mos' scalded my throte a porin' down the hot coffee an' call'd out fur more ter bring her back, so's I cud talk wi' som' sense, but she jis' deliburately handed the biler over ter Patsy Briggs an' sent *her* roun' ter wate on me. 'Twus monstr'us diskuridgin' like an' thar got ter be sich a vi'lent thumpin' in my bre'st I wus feer'd Lishy'd heer it, so a gulpin' down a big syth, I sot ter a eatin' somethin', but cudn't a tole pie frum biled cabbage by the taste uv 'em ter a saved my life. Arter a makin' a cleen sweep o' mos' ever'thing sot afore us we shoved our chers back an' riz, all the boys 'peerin' ter think Mis' Menden'all hed made up fur enny short comin's on the part o' her ole man by a givin' us sich a monstr'us jam up supper. The long tabel wus construct'd by a layin' planks onter two short uns an' now the deeshes wus clar'd off an' piled inter a korner an' the planks tuk inter the yard an' then the quilt, thet hed bin draw'd up ter the rafters by the ropes tide et the four korners, wus let down low nuff fur us y'ungsters ter take it outen the frames. We wus all a standin' 'roun' a helpin', me a havin' sidled up nex' ter Kizzy, when, es the las' bastin' thre'd wus snap'd, all uv a suddent, Lishy jerk'd out the quilt an' flung it over her he'd an' mine, but it hedn't more'n totch 'fore Kizzy shot out like a blue streek an' went off ter help Mis' Menden'all wi' the deeshes.

XXVIII.

'PON 'ONOR.

Mis' Menden'all went off inter tuther house, an' Lishy a disapeerin' two, thar riz a discusshun es ter whether playin' ud be 'low'd, the bigges' part a takin' the negutive side, kase Lishy wus a ex'orter. But while we wus a argyfyin' Lishy com' in an' desided the matter hisself. He brung a sack o' cotton thet he distribited roun' on the hath in batches, ter warm up an' make the seeds com' out e'sy, an' tole us ef we'd pick all thet ar while we wus a restin', we mout hev a few inner-cent games arter we got thru an' thet he didn't think 'tud be agin the Disci*p*lin' ef we woun' up by a singin' a passel o' sperretooal songs. 'Twus plane ter see thet ever'body tho't 'twus purty tuff ter hev ter go ter work on thet ar cotton arter all we'd don' thru the day, an' som' o' our fingers so monstr'us tender wi' the shuckin'. Howsomdever, nuthin' wusn't sed agin it ontell Mis' Menden'all com' in an' 'peer'd thunderstruck et what her ole man hed don' an' begun ter beg an' pleed fur him ter take the cotton back inter the smokehouse. But 'twusn't no use, Lishy sed he'd named the con-dishuns on whech we wus ter play an' ud advise us not ter waste no time but selec' our pardners an' be a settin' by 'em an' a plannin' the games while we wus a pickin' an' thet ar sorter riconciled us. In a instent thar wus a monstr'us scramblin' fur gals an' plaices. I wus a rushin' fur Kizzy, full tilt, when Josiar Simson a bein' neerder kotch up two chers an' hel' me et bay while he back'd up ter whar she wus a standin' an' engag'd her comp'ny. This 'ere so completely dumfoundered me I didn't obsarve thet all o' tuther fellers wus a grabbin' chers an' a choosin' *ther* pardners two. When I *did* look all wus par'd off 'cep' me an' the Widder Robberson's Drusilly thet wus the ugliest gal in all the settelmunt, but a monstr'us good worker; she didn't know much *but* work, a bein' quar' in the he'd, an' tung tied in the barg'in, an' this 'ere made her giner'ly slited an' look'd down on by the y'ungsters. 'Twus monstr'us aggervatin' ter think I hedn't kep' outen sich a scrape by a givin' som' uther gal a invite; 'twudn't a hurt Tobe Jones nur Wes' Suggs non' ter a bin in my plaice, but I'd forgot ever'thing, even my bashfulness, when I started fur Kizzy. An' now tuther'ns wus all a starrin' et us, an' som' o' the gals a sniggerin' an' Drusilly'd got a inklin' thet I wusn't arter *her* an' ever'body know'd it an' wus a makin' fun. Es she stud thar a crackin' her finger jints one arter tuther, a lookin' es ef she'd like ter sink thru the flore outen site, I forgot my disappintmunt an' felt sorry fur the pore thing, an' tho't ef she *wus* ugly an' awk'ard an' didn't know much 'twusn't *her* fault an' besides she wus wimmin fokes an' hed human feelin's. All uv a suddent, es these 'ere idees went thru my min', I felt es bold es a lion an' a gwine up an' standin' by her I look'd roun' et tuther'ns an' sed 'twus a big peece o' luck fur me ter hev Drusilly fur a pardner, an' I b'leeved we cud beet enny four in the 'hole crowd a pickin' cotton an' hev time ter spar'. This 'ere 'peer'd ter cheer up the pore gal monstr'us, but I'd only glanced et her when I begun ter talk an' then somehow my eyes wander'd off ter Kizzy, thet wus a lookin' squar' et me wi' the fr'en'liest smile a body ever seed, an' she spoke up loud, es ef I'd expected her ter ans'er, an' sed thar wusn't no dou't but we'd beet more'n four, kase Drusilly wus sich a monstr'us good worker she'd kep' ahe'd o' 'bout ha'f a duzen o' the gals singel handed all day. An' then she ax'd us ter com' over by her an' Josiar, a makin' Drusilly set on ha'f o' her cher, ontell a ole loom bench wus fotch in fur us, an' then all sot ter work, tungs a keepin' up wi' fingers. An' purty soon thar riz a def'rence 'bout the games, som' insistin' on

"Ole sister Phebe how merry wus we
The nite we sot onder the juniper tree!"

an' tuther'ns a sayin' thet ar wudn't do fur them thet b'long'd ter meetin' kase 'twus a kissin' play. Becky Suggs spoke up an' sed she tho't 't mout do fur them 'twus on trial, a bein' a purbashuner herself, but she har'ly tho't members reg'larly tuk in orter play it, an' this 'ere remark brung on more argefyin'n ever. Mis' Menden'all tuk the groun' thet purbashuners ortn't be led inter no tem'tashun, an' fur *her* part she tho't 'twus jis' es bad ter set by an' look on es ter take a han' in the game; an' *furder* while she wus more'n willin' fur the y'ungsters ter hev innercent plays, es they'd bin promis'd, she didn't think thar orter be no gwines on in no ex'orter's house thet ud bring a reflecshun. Then Becky Suggs flar'd up an' sed she'd changed her min' an' now tho't members an' all cud jine in this 'ere play an' she 'low'd ter hev it et her quiltin', whether ur no, but fust wus a gwine ter shet her daddy outen the house, an' putt a knife over the dore latch so's he cudn't git in ter be reflected *on*, an' ef thar wus ennybody else thar wi' a chicken harted conscien's they'd be welcom' ter go out an' keep him comp'ny. Tobe Jones whisper'd ter me thet thet ar plan mout work wi' the preecher, but wudn't be o' no use ter try on the ex'orter, kase he'd bust open the dore, or clime down the chimbly, 'fore he'd 'low enny purseedin's ter go on 'thout a bein' ring leeder hisself. While Tobe wus a talkin' I seed Lishy's jaw begin ter work, but 'fore he cud open his mouth Josiar Simson's big voice drownded out ever'body else, him a jinin' in wi' Mis' Menden'all. Josiar agreed she wus perfec'ly rite in all she sed, thet he hedn't bin reg'larly tuk inter meetin' hisself, but wudn't hev no han' in nuthin' thet a member in full standin' cudn't play, thet his objecshuns ter ole sister Phebe wusn't on the groun' menshun'd by som'—thet wus ter say onder ever' sarcumstance—sarcumstances a alterin' cases—but kase thar wusn't a grane o' truth in it frum beginnin' ter eend, thar never a havin' bin no ole sister Phebe an' no junipur trees never a growin' in thet ar secshun o' kuntry. An' then he sed he know'd somethin' they use ter play in ole Virginny thet never wus kunsidered no harm by nobody, kase all thet jined in it wus oblugated ter tell only the truth. Mis' Menden'all 'low'd thet ar ud be jis' rite, but Lishy holler'd out he know'd a better'n they useter play back thar in Tennysy, but he wus squelch'd out by ever'body a sayin' Josiar's orter com' fust. Then Mis' Menden'all an' Lishy both fether'd in an' help'd pick the cotton an' mos' 'fore we know'd it the las' batch wus lifted offen the h'ath an' Josiar sot out ter larn us the play. He sed thar wusn't no pardners in it, but him an' 'Mis' Kizzy', es he called her, ud move ther chers inter the middel o' the flore an' all o' tuther'ns mus' set in a surcel roun' 'em. Drusilly sed es 'twusn't a marchin' play she'd hev nuthin' ter do wi' it, a bein' tired a settin' roun' a pickin' cotton, thet wusn't no work et all, an' she'd jis' git the broom an' sweep the litter offen the h'ath an' *mebbe* ud com' an' look on arterwurds, ef she tuk a noshun, an' thet ar left me free. Becky Suggs an' her intended a bein' huffy tuk the loom bench an' went off by therselves in a korner, an' a ketchin' up one o' ther chers I foller'd clost onter Josiar an' Kizzy an' when we sot down she wus 'twixt us an' all o' tuther players a crowdin' roun'. "Now," sez Josiar, "ever'body thet takes part in this 'ere game's boun' ter tell the truth, the 'hole truth an' nuthin' *but* the truth on ther solem' an' sacurd 'onor!" Et this 'ere rite smart o' the boys hitch'd back ther chers an' sed the play wus too hard; but when Lishy thet wus a leenin' over ter look on, ax'd ef the truth didn't com' e'sy ter 'em an' ever'body laff'd, they got ple'g'd an' hitch'd forrids agin. Then Josiar flatted his rite han' out onter his knee, like a big flap jack, an' tole Kizzy hern mus' foller, when all uv a suddent, 'thout no tellin, I clap'd mine down nex', sorter lite, an' ud a giv' Blazes ter a know'd whether 'twus me ur Josiar thet made her fingers so flutt'ry. But thar wusn't no grate time fur speculashun 'fore Josiar, thet peer'd ter a bin struck dum' et my bol'ness, foun' his voice agin an' tole tuther'ns ter putt down ther han's too, an' they com' a pilin' on thick an' he'vy. When all wus reddy Josiar draw'd his han' out an' lade it on top o' tuther'ns an' counted "one" an' sed we wus ter keep on thet a way ontell we got ter sixty, an' the owner o' the han' thet com' out on the sayin' o' them ar figgers wus boun' ter ans'er ever' quest'on thet wus ax'd 'em, "'pon 'onor." Ef it hedn't a bin two late I 'low a site ud a back'd out, then, kase all the gals an' a passel o' the boys turn'd monstr'us pale an' scursely draw'd ther bre'ths. Then the han's begun ter com' out slow an' reluctings like an' som' o' the y'ungsters tride ter bolster up ther kurridge by a countin' out loud wi' Josiar an' a helpin' wi' the calc'lashun. 'Peer'd a long time 'fore they got inter the fiftys an' crep' on up ter fifty-nine, whech wus Josiar; then they holler'd out "sixty" an' Kizzy's han' top'd the heep. 'Twus thet onexpected her face blazed up monstr'us, but she sot strate back in her cher 'thout a openin' her mouth, while they wus all a tryin' ter think o' what ter say an', et las' Lishy stoop'd over an' whisper'd ter one o' the gals, thet turn'd immejiate ter Kizzy an' ax'd what feller she liked bes', an' thet ar started mout nigh the 'hole surcel onter the same quest'on, som' a gwine et her in squads an' tuther'ns siprate, but all insistin' she wus *boun'* ter tell. Her face got white es snow an' then turn'd red agin wi' a monstr'us pleedin' look, but they all kep' on a showin' her no murcy whatsomdever. Then she glanced sideways, fust et me an' nex' et Josiar, es *I* tho't fur help, but Lishy tuk it def'rent an' tole 'em she hedn't made up her min' an' they'd better giv' her time. Josiar sot wi' his arms folded a gazin' inter the rafters, but I know'd he wus a lis'nin' wi' all his yers. Arter a minnit Kizzy's tormenters begun on her agin an' mebbe she felt herself oblugated ter say som'thin' by a jinin' in the play. Ennyhow she 'peer'd ter be a movin' her lips, when Becky Suggs, thet hed slip'd up on tiptoe an' wus a leenin' over her, nodded et Lishy an' then screem'd out: "Oh, she sez it's Jack!" Then they all roar'd an' laff'd fit ter kill therselves, Lishy a haw, hawin' es ef he'd die on the spot, thet wudn't a hurt my feelin's no grate deel, et thet ar time. The fust secant I wus thet tick'led I scursely know'd musself, but the nex' a seein' Kizzy a lookin' so pleg'd an' hurt wi' ever'body a havin' ther joke et her 'twus def'rent. I 'low mos' enny uther gal thar ef she hedn't a flung 'em a downrite lie an' tho't she wus a sarvin' 'em rite ud a crowded monstr'us clost onter one an' a got herself outen the scrape; but Kizzy wusn't non' o' thet ar kin' a bein' stratefor'rid an' not useter no flirty sorter tricks thet y'ung gals in gin'ral didn't think no grate harm, them days. Mebbe she wus jis' a whisperin' over what she tho't ter releeve her consciens, but arter all 'twusn't never know'd ef she raly sed my name ur ef 'twus only a made up thing 'twix' Becky Suggs an' Lishy. But when they all com' et her an' ax'd ef Becky wus rite they cudn't make her open her mouth, an' Lishy sed "silence allus giv' consent," an' then the y'ungsters screem'd an' laffed more'n ever. This 'ere brung my 'rath ter the bilin' pint an' I mout a sed somethin' ef Josiar hedn't a stomped on the flore an' made 'em stop. Then he tole 'em ter go on wi' the game. Thar wus a quarness in his voice, when he spoke, an' he 'peer'd thet ser'os they all draw'd up an' putt ther han's down agin. Es Kizzy lade her'n onter Josiar's som' o' the boys nudged me, but I hel' back fur awhile an' then by mistake clap'd my han' 'twixt Tobe's an' Zurrildy's, thet made 'em both mad, but tuther'ns a comin' on thet fast thar wusn't no chance ter change 'fore Josiar sed the number ud be twenty this 'ere time an' the han's begun ter be jerked out agin, a site o' ther owners a lookin' monstr'us skeer'd. I'd scursely cullected my own tho'ts nuff ter be afeerd when Zurrildy's han' wus on top an' they sed nineteen, then I know'd what wus a comin' an' tuk a long bre'th an' braced musself es Tobe sez, sorter spiteful like, " An' Jack's makes twenty!" 'Twus clar ter me, then, thet Josiar a bein' monstr'us quick et figgers hed calc'lated ever'thing up in his he'd aforehand, an' brung it out ter soot hisself an' I wus fitin' mad but dassent show it. A thinkin' they'd all com' et me fur my pref'rence I begun ter plan monstr'us quick ter deceeve 'em, a havin' no screwples whatsomdever, arter all thet hed tuk plaice. But Lishy started 'em onter a def'rent tract an' insted o' puttin' the quest'on es I'd expected they all wanted ter know ef I liked Kizzy. I laffed an' ta'nted an' tride ter switch 'em off, but 'twusn't no use, they still flew et me, like hornets a stingin' on ever' side; all but Josiar an' he never open'd his mouth. Lishy an' Becky Suggs com' an' stud in frunt o' me a screemin' out the tantalizin' quest'on louder'n tuther'ns an' ud stop onct an' awhile fur my ans'er an' then go on agin. Et las' it got ter be thet aggervatin' my temper flam'd up monstr'us an' 'peer'd like som' onseen power stronger'n my own will jerk'd me onter my feet an' I holler'd out in a voice thet sounded strange an' onnateral in my own yers: "No!" I wus a lookin' strate et Kizzy an' her et me when I spoke an' sich a change com' over her face 'fore the word wus more'n out I'd a giv' my life ter a onsed it, but my tung clung ter the rufe o' my mouth an' wudn't move. Then tuther'ns turn'd onter Kizzy agin, Becky Suggs a tellin' her she'd better go furder an' mebbe she'd fa'r better an' Lishy a puttin' in his jaw, a tryin' ter be funny, a settin' the boys ter roarin' et her an' the gals ter a gigglin'. In a secant, ter all appeerance, Kizzy'd got the better o' her feelin's an' sot up onconsarned like wi' her long ha'r woun' roun' her he'd like a crown an' her han's wi' ther slim fingers a lyin' folded tergether in her lap. I look'd et her, but she never look'd et me nur nobody else, but somehow I know'd her pride hed monstr'us hard work ter keep back the teers thet wus a lyin' hid way down in her blue eyes. I'd jis' got the better o' my false tung an' riz ter tell the 'hole comp'ny how I'd deceev'd 'em when Josiar stomp'd agin an' sed we'd try the game onct more. Es Kizzy's han' went down I made a quick moshun ter com' nex' an' wus monstr'us tuk back when she jerk'd hern up an' wated ontell a duzen uther'ns wus piled onter mine 'fore she putt her han' down agin. I hedn't never expected her ter show no sich sperrit, but 'low'd mebbe she'd think I'd anser'd thet a way ter keep my secret, an' ef not, I cud make it all up wi' a word when I got a chance; but when tuthern's laffed an' sed she wus a sarvin' me rite I bow'd ter the verdic'. I've heern thet trubbles never com' one et a time an' it 'peer'd mine hed jis' begun, kase when Josiar clap'd his han' on top o' the pile an' the fatul number wus purnounc'd, Lishy started 'em off onter the same quest'on they'd ax'd me, an' when Josiar smiled et Kizzy an' sed monstr'us independin' like: "O' co'rse! I like Mis' Kizzy wi' all my hart!" the boys holler'd "Good fur *you*, Josiar!" an' the gals cheer'd him. An' Becky Suggs sed she mout a bin mistuk in the name, more'n likely 'twus "Josiar" an' not "Jack," thet it orter a bin the way things wus a turnin' out; ennyhow, it begun wi' a "J" an' mebbe Kizzy'd not objec' ter a sayin' it over agin ter make it certing. Et this 'ere Josiar giv' Kizzy a sarchin' look but her eyes wus sot onter the ▆▆e monstr'us anx'us like an' he sed never mind they'd not waste no more time but go on ter tuther game. An' then Kizzy rased her he'd an' giv' him sich a thankful look I felt thet he'd got the inside tract an' I wus everlastin'ly beet. Then Lishy an' Becky Suggs got inter a big dispute over nex' play, mos' ever'body a takin' sides, an' Mis' Menden'all an' Josiar a actin' es peecemakers a tryin' ter settel 'em. I'd lost all intrust in plays, musself, an' didn't keer who got the upperhan', an' a monstr'us smuthery feelin' a comin' over me I went an' lent up agin the dresser an' got ter a reflectin' on my past doin's. I ricollected how I'd broke my y'ung oxens when I wus a boy, them a takin' ter the timber an' me a draggin' arter 'em thru the bresh an' agin trees a bruisin' musself frum he'd ter foot, but a gittin' 'em back inter the big rode an' never a givin' up ontell they wus tamed down an' the gentles' yoke in the 'hole settelmunt, an' how I'd konker'd Blazes'es vichus sperrit arter so menny ha'rbre'th 'scapes. No, 'twusn't never in my natur' ter giv' up ennything I started out ter do, an' now the tho't o' havin' ter stan' back an' let Josiar Simson take the one thet wus more'n all the balence o' the worl' ter me wus thet afful I groun' my teeth tergether an' vow'd ter git ahe'd o' him et the resk o' my life. While a plannin' how ter begin I seed Kizzy leeve the crowd an' go ter the water bucket in tuther corner. Es she tuk the drinkin' gourd offen the peg, whar it allus hung, I rush'd up an' kotch her by the arm, but when she look'd roun' an' seed 'twus me she turn'd her face tuther way an' don' her bes' ter brake loose. An' thet ar a makin' me monstr'us desprit I tuk holt wi' both han's an' hel' tite while I screem'd inter her yer thet what I sed wus a eternal lie thet I'd jis' adored the groun' she walk'd on ever' sense I'd fust seed her et camp meetin', an' hed bin a layin' off fur weeks ter take her home frum the shuckin' an' tell her all this 'ere an' a site more an' ax her ter marry me, but a bein' sich a bashful feller an' aggervated beyant endurance, when they tride ter pry my secret outen me, I up an' anser'd 'em, scursely a knowin' what I sed, ontell the words wus cleen outen my mouth. An' ef I'd a hed time ter a tho't ennything 'tud a bin thet she mus' a know'd I jis' worship'd her an' wudn't hurt her feelin's fur a thousan' worl's; an' when I reelized how false I'd seem'd ter her, an' musself, an' heern 'em all a jeerin' an' a ta'ntin' I'd jis' riz ter make a bole ac'nolledgmunt when they started up the play agin an' stop'd me; an' ef she sed so I'd stan' up, now, 'fore the 'hole crowd an' make a cleen bre'st o' ever'thing, ef I sunk thru the flore the nex' minnit. She shuk her he'd fur "No," but never spoke nur look'd et me, but I kinder tho't she wus willin' ter lis'n an' went on a pleedin' wi' her ter try ter think it all over an' not blame me two much, tho' I know'd I didn't desarve nuthin' frum *her*. An' I sed ef she'd jis' drap a word ur make me enny sorter sine when she'd hed time ter reflec' I'd onderstan' thet she'd forgiv' me, an' then I let go her arm an' back'd off ter the dresser, kase the din hed stop'd an' som' o' the y'ungsters wus a turnin' roun' ter hunt her up. Then, all uv a suddent, she lifted the gourd high in the a'r an' flung it inter the bucket, es ef she'd splash ever' drap o' water onter the flore, an' went back inter the middel o' the crowd, an' 'twus lucky I'd hed my say out, kase thar'd a bin no uther chance, es they wus a gwine ter sing an' wanted Kizzy ter carry the tribbel.

XXIX.

PISGY.

Mis' Men'len'all an' Josiar 'low'd es feelin's hed bin trod on a good chune ud giv' fokes time ter reflec' an' bring 'em all ter one min' agin. Tobe Jones sed he'd mix'd in rite smart wi' the disputin' hisself, but they needn't sing on his 'count, kase he'd allus heern thet them es didn't want ther feelin's tromp'd on hed better not hev 'em a sprawlin' roun' an' konsekently, hed kep' his'n outen the way. Et this 'ere ever'body laff'd, 'peerin' ter a forgot ther bad 'umor an' som' wanted ter start tuther play, but Lishy'd alreddy planted hisself in the middel o' the flore, singin' book in han' an' thar wusn't no way o' turnin' him offen enny tract he'd sot out on' an' he tole 'em ter git ther voices inter trim fur "Pisgy," an' the bigges' part o' the men singers a bein' hoarse thar wus a site o' throte clarin' 'fore they all got onder way Pisgy's a monstr'us purty chune when the parts is sung well an' the words fit in corryspondin', a startin' off mournful an' despondin' like an' then, all uv a suddent, a soarin' up triumphunt:

> "An' let this feeble body fale
> An' let it faint ur die,
> My soul shall quit this mo'rnful vale
> An' soar to worl's on high,

> Shall jine the disembodied saints
> An' fin' its long sought rest,
> Thet only bliss for which it pants
> In the Redeemer's bre'st."

I hung roun' while they wus a gittin' reddy ter sing, a givin' Kizzy ever' chance ter make som' sine thet I mout know whether I wus forgiv', but she never tuk no more notis o' me than ef I'd a bin a hundred mile off. When the singin' got well onder way an' they all 'peer'd ter be a jinin' in, sole an' body, a keepin' time wi' heds an' han's it seem'd es ef the rufe mout be lifted up an' the kingdom o' glory let in. I'd never seed Kizzy look so rajeant nur 'peer in sich a contented frame o' min' es she sot thar by Josiar an' sung. It mout a bin tho'ts o' him ur tho'ts o' Heving thet made her so happy, but o' one thing I wus shore an' certing, 'twusn't no tho'ts o' *me*, an' I'd never felt so miserabel in all my life. A bein' monstr'us res'less an' oneasy I kep' a movin' roun' ontell I got up clost agin the dore an' the smuthery feelin' a takin' holt o' me wuss'n ever I tole Wesly Suggs I'd go an' see how "Blazes" wus a standin' an' rush'd out inter the fresh a'r. A pullin' my cote collar up I cross'd over the fence an' went behin' a haystack whar my filly wus tide an' foun' her a fliskin' roun' an' a shiverin' wi' the cole. She nicker'd an' pranc'd es I com' neer, monstr'us glad ter see me, but I tole her ter shet up her noisy he'd an' when she rubbed her nose agin my arm an' play'd she wus a bitin' me es I'd larnt her, I lifted my foot an' giv' her a he'vy kick in the side an' she didn't pester me no more. I clum back inter the yard an' walk'd roun' the house, a lis'nin' ter the singin' es it com' out thru the wide mouth chimbly, Kizzy's voice a soarin' 'bove the rest like a bird a wingin' its way to'ards the Hevings an' a callin' on tuther'ns ter foller, but thar didn't 'peer ter be no tone o' enc'uragemunt fur me, an' a feelin' like som' pore, lost critter shet out forever frum all hope an' happiness, I begun ter rave an' rant an' shake my fist et the house an' then, 'thout no intenshun nur nuthin' I let out an' cussed, the words a comin' thet glib an' e'sy, 'peer'd like 'twusn't me but somebody else a sayin' uv 'em. An' I 'low 'twusn't nobody but the ole daddy o' all Evil thet hed cleen tuk posseshun o' me, both sole an' body. Ennyhow, the bigges' o'ths seem'd a lyin' roun' me ever'whars, handy, an' I kotch 'em up an' tack'd 'em onter Josiar an' Lishy an' wus a beginnin' on Tobe when I heern 'em start out on the windin' up varse. The words putt me in min' o' mother, kase I'd heern her a hummin' 'em over so offen 'roun' the house arter *her* mother died, an' the tho't o' what her feelin's ud be ef she know'd I wus out thar a blasphemin' brung me ter my senses, an' a makin' up my min' ter run 'way frum furder tem'tashun, I went an' saddel'd up Blazes an' a leedin' her outside mounted. She giv' a littel squeel an' he'ded fur home, a takin' short cuts an' a settelin' down inter her highes' speed 'thout no whis'le frum me, the fire a flashin' outen her huffs es she flew 'long Rocky Branch outen the timber inter the purrary rode. An' now the win', cole an' cuttin' com' a howlin' inter my face, like som' supernateral bein' we wus a tryin' ter 'scape, but the faster we went the more it tore 'long two, a ketchin' up Blazes'es mane, an' a blowin' it over onter the 'rong side, a liftin' my long ha'r an' a shreekin' an' a walin' in my yers. 'Peer'd like 'twus aggervated et our tryin' ter outrun it an' got more wile an' tantalizin' an' kep' even wi' us in spite o' our speed, an' the feelin' o' despare an' despurashun a comin' over me stronger'n ever, I begun ter moan an' wale two. Arter while we fotch up et the ole home bars, me an' Blazes an' the win', but the house look'd so lonesom' an' still I cudn't bar the tho'ts o' gwine in. Then, all uv a suddent, it com' over me thet, mebbe, in the noise an' din Kizzy hedn't heern my explanashun, an' thet ef I cud make ever'thing clar ter her, 'tud all be rite agin. I b'leeved Blazes cud take me back ter Lishy's 'fore they broke up ef I putt her ter her highes' speed agin. All nateral feelin' 'peer'd ter a cleen gone outen me, an' I didn't keer no more fur the pore, dum' critter thet hed stud all day in the cole an' brung me home so quick than ef she'd bin a wooden masheen, an' I turn'd her roun' an' tride ter make her go back up the rode. But ef anumals hev reeson Blazes mus' a tho't she'd don' her dewty an' desarved her rest an' her feed an' thet I wus meen an' ongrateful a wantin' her ter go off agin in the cole. Ennyhow, she whirl'd an' r'ar'd an' when I shot up my fist an' fotch her a stunnin' knock on top o' the he'd, all the wile sperrit I'd tamed outen her 'peer'd ter com' back agin an' a bein' sorter num' an' dazed I lost all mast'ry over her an' she flung me an' a givin' me a kick gallop'd ter the stabel, a leevin' me senseless on the groun'.

XXX.

CRIPPELD AN' DISH'ARTENED.

Our fokes hed heern me a ridin' down the friz up rode an' arter while got oneesy kase I didn't go in an' father went out an' foun' me a lyin' 'peerently lifeless in the snow. He kuntrived ter git me inter the house an' onter a pallet 'fore the fire an' when I thaw'd out an' com' two, thar wus sich a mis'ry in my rite leg it draw'd one grone arter nuther outen me in spite o' all my effurts ter keep still. Father wus fur a gwine rite off ter Tomson's settelmunt arter the doctor, but I wudn't heer ter his startin' 'fore mornin', an' 'bout daybrake mother got him a good brekfus an' he bun'led hisself up an' sot out on his fastes' nag, thet wusn't nowhars ter Blazes. By noon I'd got ter be monstr'us bad off an' mother begun ter go back'ards an' forrids ter look thru a crack in the dore ter see ef father an' the doctor wusn't a comin', ontell it peer'd ter me in my distracted state thet she'd w'ar a groove in the punchin flore, but 'twus late in the day 'fore she seed 'em a ridin' up ter the fence. The doctor com' in an' warm'd hisself up deliberat' like an' then tuk a look et my leg. He sed 'twus a monstr'us bad brake, an' then poked roun' 'mong my ribs, a tryin' ter ascertanc whether thar wusn't som' intarnal hurt. *I* know'd the hurt wus thar, intarnal, an', es I blecved, *e*tarnal; but 'twus past *his* findin' out an' he went back ter my leg an' got father ter help him set it. Oh, massy! what a aginy it wus! 'Peers like they mus' do sich things e'sier now-a-days wi' their new fangled masheenary. The doctor giv' me som' draps thet help'd me ter sleep thet nite sorter middlin', but nex' mornin' my 'hole body begun ter ache, the splints a bein' so tiresom' a keepin' me flat o' my back an' not 'lowin' me ter turn no ways fur a change, an' es the days went on the pane an' oneesiness wus grater, but nuthin' ter my sufferin's o' min'. Me es hed bin the stoutes' an' actives' y'ungster in all the settelmunts an' so vanc an' proud o' my stren'th wus now a lyin' es week an' helpless es a baby an' mebbe a crippel fur life. An' ter see all my fokes so anx'us an' so good, pore mother a settin' up wi' me nite arter nite a losin' her rest an' a lookin' so wore out, an' father thet patien' wi' all my whims an' crossness I scursely know'd him, an' the littel boys, thet never cud be kep' still afore, a tiptoein' roun' an' a whisperin' low when they spoke so's not ter bother me. It mos' broke my hart ter see 'em, an' then I got ter reflectin' thet I'd brung all this 'ere trubbel on 'em musself, 'thout no help an' fur no good reeson. An' then I let up on a blamin' Lishy an' tho't better o' Josiar an' et the wust hedn't never foun' no fault wi' Kizzy, an' es fur Blazes, bein' a dum', onresponsibel critter ef she'd a kick'd my onfeelin' he'd off 'tud a sarved me rite. No, thar wusn't nobody ter blame but musself! Outen pure selfishness, jis ter keep frum bein' pleg'd a littel I'd bin a cowardly tra'tor ter my own hart an' ter Kizzy, a woundin' her feelin's an' a makin' her a laffin' stock an' Josiar hed com' bolely ter her rescew, a silencin' ther ta'nts an' by his pref'rence a settin' her a long ways 'bove all the balence, an' o' co'rse, 'twusn't nuthin' more'n rite she shud be his'n. It went well nuff ontell this ere pint wus reech'd an' then wi' all my eluvatin' Josiar onter the highes' pinnakel an' a grov'lin' on the groun' musself I cudn't b'ar the tho't o' him a comin' 'twix' Kizzy an' me. But what cud I do ter help it, a lyin' thar wi' ever' mussel stiff an' achin', ever' narve strung ter its highes' pitch an' ever' bone in my body like lead. I kep' a worryin' an' a thinkin' it over an' over, day in an' day out ontell my he'd wus all in a whirl an' a monstr'us sick'nin' feelin' in my hart. One nite arter the boys'd gone up inter the loft an' father wus soun' asleep in tuther bed an' mother a settin' a noddin' in a cher by my side all wore out an' bun'led up in the ole red blanket ter keep warm, I hed som' monstr'us quar idees. Mother'd giv' the sleepin' draps the doctor'd left purty reglar the fust part o' the nite, but they only made me sorter doze off an' then wake up wi' a jump, a dreemin' I wus a fallin'. Then I counted back'ards an' forrids an' tride ever'thing else, but cudn't git no rest. The fire wus a burnin' brite, the shadders a dancin' up an' down on the wall an' my ole companyun the win' wus a howlin' an' a shreekin' roun' the korners o' the house an' a wa'lin' down the wide chimbly. By a turnin' my he'd a littel I cud see ever' objec' in the room. The tea-kittel an' coffee pot wus a settin' on one jam' an' my soup an' yarb tea in cups on tuther'n. The split bottum chers wus a standin' roun' an' the squar' tabel shoved back agin the wall, the deeshes shined in the dresser an' the pots an' kittels wus piled up onder it. Father's ole flint lock muskit wus over one dore, the eends a restin' in deer horn racks, the shot pouch an' powder horn a hangin' onder it, an' over tuther dore wus my gun an' huntin' implemunts. Mother's big spinnin' wheel stud agin tuther wall, wi' a half fill'd broach an' a piece o' wool roll a hangin' frum the pint o' the spindel, ther shadders a movin' up an' down. A littel lookin' glass hung tipped forrids by the side o' one o' the dores, roun' the top a string o' blue an' white birds' aigs an' dride bach'lor buttons an' below a white cloth wi' peacocks an' quar anumels made in turkey red needel work an' onder thet a faded hussif stuck full o' crooked needels an' pins, es I know'd, an' et the bottum a come case 'Twix' the beds wus two high shelves wi' a pile o' quilts an' clocs on 'em an' mother's blue caleco Sundy dress an' our blue jeens cotes a hangin' on wooden pegs onder it. Long sticks wi' rings o' dride punkin strung onter 'em wus a restin' on the jists nex' the fire place an' big bunches o' pennyroyal an' red peppur decurated the wall over the fire bord. Es I look'd roun' the room, over an' over agin, 'peer'd es ef ever'thing wus strange an' I'd never seed 'em afore an' the shadders begun ter dance faster an' grow bigger an' the win' got ter shreckin' louder like som' human bein' in distress. I closed up my eyes an' stuffed the korners o' the bed cloes inter my yers ter shet out sites an' soun's an' then my tho'ts wander'd back ter when I wus a monstr'us littel boy an' me an' muther uster go out in the spring o' the ye'r ter git blue bells an' wile plum blossoms ter fill up an' adorn the empty fire plaice. An' I remember'd how good an' indulgent mother wus ter me, a bendin' down hick'ry saplin's fur me ter ride an' a peelin' off slippery ellum bark fur me ter chaw. Yes, me an' mother'd allus bin monstr'us good fr'en's an' she hed sich perfec' trust an' confidens in me an' all my doin's an' never lost a chance ter hole me up es a exampel ter Jim an' tuther boys. An' I tho't o' how hard I'd bin on pore Jim a puttin' him down an' a keepin' him thar an' a gittin' all the pra'se an' 'umorin' musself. An' now I hed ter ac'nollege thet arter all he wus a thousan' times better'n me. Nobody'd ever accused Jim o' lyin' an' es fur a cussin', whendever a row wus a brewin' 'twix' the Flatters an' he know'd bad words an' fitin' wus boun' ter com', he'd stuff his fingers inter his yers an' run fur life an' not com' back ontell 'twus over an' they'd shuk han's all roun' an' made up. I'd call'd him a coward then fur not a wantin' ter see blood draw'd. *I* didn't keer how much they fit' an' bang'd an' cut one nuther up, 'twusn't *my* blood they wus a drawin', an' es fur ther cussin' I hel' musself thet lofty I jis scorned 'em an' tho't I wus a turnin' a deef yer ter all they sed: but I wus mistuk, the crap o' bad words wus sow'd when I didn't know it an' I'd reep'd the harvest. A studyin' all these 'ere things over I felt thet humilyated an' gilty I cudn't keep frum a groanin' out loud an' then mother started up an' tuk holt o' me. "What's the matter, hunny?" sez she. "I mus' a drap'd off, but I didn't meen ter!" An' then I tole her it wus jis a killin' me ter see her a w'arin' herself out an' a losin' her rest fur me. She begged me not ter bother musself non' kase she got all the sleep she needed in the day time when father wus a tendin' me an' 'twusn't a hurtin' her ter set up. I tole her she wus monstr'us good an' thet I wusn't wuth all the trubbel I wus a givin' her an' thet 'tud a bin better ef I'd never a com' two when I wus throw'd. Then she sed: "Don't talk thet a way, hunny, yer time hedn't com'! We've all got ter go when our time comes an' ef de'th wusn't the bes' thing fur us, arter our work's don' here, I 'low 'twudn't never a bin ordered. An' then it's only thru de'th thet we can reech the good worl' an' thet orter riconcile us ter the change when it does com'!" An' then she sorter reflected an' sed ef thar'd a bin enny uther rode ter Heving she 'low'd somebody'd a pry'd roun' an' foun' it out, kase fokes wus a diskiverin' so menny things these days. Then she tole me ter be patien', thet I wus y'ung an' a gwine ter git over my hurt in time an' mebbe be stronger'n ever, thet she'd know'd a site o' fokes who'd broke ther legs an' no purmunent harm don' 'em, an' thet I mus'n't fret over a bein' a trubbel, kase I'd never bin nuthin' but a comfurt ever sense I wus fust born'd inter the worl', never a havin' no ailin's ter speek uv, all my teeth a bein' cut thet e'sy she scursely know'd they wus a comin' ontell she seed two littel rows o' white pegs all roun'. An' she sed she cud allus go strate on wi' her work, a settin' me in a hoss collar by the loom an' a drappin' me the empty quills outen the shettel an' I'd take ever' fresh one up an' examin' it thet intrusted es ef 'twus somethin' I'd never seed the like uv afore when quills wus a lyin' all roun' me thick es hops, an' thet 'twus jis' so when I got older, me never a runnin' inter no mischeef nur danger an' never a henderin' her in nuthin'. Then she sed Jim wus def'rent, but its a bein' in his natur she 'low'd he cudn't help it; thet the fust quill she drap'd down ter him wus sorter split an' he worked ontell he got a splunter offen it thet he tride ter swaller, mos' a chokin' hisself ter de'th an' a havin' ter be swung roun' by the heels ontell he wus black in the face 'fore it com' up, an' thet he tride ter gouge one o' his eyes out wi' the nex' one she ventur'd ter giv' him, thet wus soun', an' thet ar bodiaceously putt a eend ter the quill bizness fur *him*. An' she sed when his stummick teeth wus onder way ef she walk'd the flore one nite wi' him she mus' a walk'd it forty, an' clar up ter camp meetin' time he wus ever'lastin'ly inter somethin' he ortn't a bin in, but he wus a doin' rite now an' she wusn't a complanin' but jis a showin' me I wusn't never nuthin' but a comfort an' help all the days o' my life 'thout no reward, an' 'twusn't only jest an' rite thet I shud hev a littel nussin' sometime, when tuther'ns hed hed so much an' mebbe I'd never a got it ef this 'ere hedn't a happen'd. What she sed sunk me lower down than ever, but I made up my min' ter struggel back ter som' pint whar I cud hev my own self respec' agin ef possibel, an' not sale onder false colurs no longer. 'Twus thet humilyatin' ter think o' losin' mother's good 'pinyun I hed ter take musself in han' monstr'us firm an' resolve ter make a cleen bre'st o' all my weekedness an' take the konsekences. I started out by tellin' mother never ter blame Jim agin fur nuthin' he'd don', big ur littel, kase et hart the boy hed allus bin a thousan' times better'n me, an' es fur his scrapes, I'd got so fur ahe'd o' him, now, thar wusn't no comparisun. Then I push'd off her han' thet wus a holdin' tite ter mine an' tole her I wus a false deceever an' thar wusn't no meener nur ongratefuller man a livin' than the pore crippel a lyin' thar an' a sufferin' out his jest desarts. A thinkin' the fever'd sot in mother jum'p up an' tride ter make me swaller down a dubbel dost o' the draps, but I purvaled on her ter set down agin an' lis'en ter what I wanted ter say. An' then I begun wi' the fust time I'd seed Kizzy et camp meetin' an' how I'd bin a def'rent man ever sense, allus a thinkin' uv her when I fust woke in the mornin' an' the las' thing et nite, an' how my bashfulnuss hel' me back an' how it hurt me ter see tuther fellers a makin' up ter her. An' thet finully I 'low'd ter git up kurridge, whether ur no, an' ax her ter marry me, an' thet wus why I'd broke Blazes ter carry dubbel an' hed bin a fencin' my clame. An' how I'd gon' ter Lishy Menden'all's wi' sich high anticupashins an' how my own false tung hed brung 'em all low. An' how I got a chance an' explaned ter Kizzy, a beggin' her ter drap a word ur make enny sine thet I mout know I wus forgiv'; an' how I'd hung roun' ontell shore thar wusn't no furder hope fur me an' how contented Kizzy 'peer'd ter git back 'longside o' Josiar an' the singin' a drivin' me out inter the cole an' how it soar'd up thru the chimbly an' how I kep' a wanderin' roun' an' roun' wi' sich a overpowerin' feelin' o' bein' shot out frum all happinuss an' goodnuss forever—an' how I'd scolded an' kick'd Blazes when she wus so glad ter see me—an'—an'—an'—Oh! how *cud* I tell her the rest? 'Fore I'd sed five words she hed my han' in both o' hern an' when I tole 'bout the lie she sed, "My pore boy, 'twusn't *you* a talkin', 'twus yer high temper thet hed run ye distracted." An' when I sed what a brute I'd bin ter my filly she insisted thet a bein' cleen outen my senses nater'ly I wusn't no ways responsibel. Then I got ter the cussin' an' the Ole

Evil One tole me ter skip it an' not hurt mother's feelin's but on thet ar pint I stud firm es a rock, detarmin'd ter show musself up then an' thar in my true lite an' not live no longer onder false pretenses an' I tole mother ter let go my han' an' brace herself fur the wust wus a comin', an' ef frum thet ar time forrids she disown'd me forever I'd say it wus jest an' 'onor her fur it ter my dyin' day. An' then I ups an' tells her 'bout the cussin', not a sparin' musself an' not a keepin' nuthin' back, a sayin' I went inter it big an' strong es ef I'd never don' nuthin' else *but* cuss all my born'd days. An' insted o' risin' up in her 'rath an' a castin' me off forever, es I'd expected, mother jis' got both arms roun' me an' hugg'd me wi' all her mite an' sez: "My pore, sufferin' chile, 'twus ever' bit *my* fault!" "Her fault?" I wus thet dum'- founder'd I cudn't b'leeve my own yers. How cud my blasphemin' be blamed onter mother? "Yes!" she sed, a holdin' onter me titer, "Yes, it wus all my fault! I wus thet proud an' vane o' yer good looks an' yer stren'th an' yer strateforrid, nobel natur', I never got tired o' comparin' *my* boy wi' the ornery sons o' som' o' my naburs! My pride wus boun' ter hev a fall, but oh! ter think I've brung *you* down wi' it! An' hunny," she sez, "Ye wus allus so bent on gwine ter meetin' an' so morul an' steddy, I tho't ye wus es good es ennybody, thet you'd bin born'd good 'thout no convartin' nur nuthin', an' I never sed a word ter ye et camp meetin' 'bout a gwine up ur a bein' tuk in, kase I tho't ye wus safet an' ud com' ter it all yerself when ye got reddy! But I mout a know'd ever'body's born'd in sin an' mus' hev a change o' hart! Mebbe this 'ere afflicshun wus intended ter 'umbel ye an' set ye ter reflectin' an' you'll com' out yit a brite an' shinin' lite in the gorspel truth!" I cudn't b'ar ter tell mother I wusn't onder convicshun, nur likely ter be no shinin' lite in the way she hoped, but wus only a repentin' fur what I'd don' ter bring this 'ere trubbel on musself an' tuther'ns, an' I gradooally fotch the subjec' back ter Kizzy an' ax'd mother ef she tho't 'twus all over 'twixt us past mendin', an' she sed frum what she cud gather it 'peer'd thet a way, but a body cudn't allus tell. Then a losin' controle o' musself I jis' raved out thet ef thar wusn't no furder chance fur me wi' Kizzy I hoped an' pray'd I mout never git offen thet ar bed alive. Ef I'd a know'd what effec' the words ud hev on mother, mebbe I cud a kep' frum a sayin' 'em fur she broke cleen down an' sobbed an' cride es ef her hart ud brake. Thet ar sorter fotch me ter my senses an' I tuk her han' an' sed I wusn't nuthin' but a meen, selfish, ongrateful critter a tryin' ter kill the bes' mother thet ever lived, an' then I called ter father ter git up an' take mother's part agin me. He wus outen bed in a secant a axin' what wus the matter. Mother wiped her eyes an' tole him nuthin' wusn't the matter only Jack wus cleen tired out an' narv'us an' she 'low'd she'd got sorter narv'us too, but ef he'd fix the fire an' lay down agin she'd pore a passel o' soothin' draps inter my sage tea an' git me ter worry 'em down an' mebbe I'd go ter sleep. Arter a puttin' on a new fore stick father went back ter bed an' ter pleese mother I swaller'd all the tea she brung me an' purty soon begun ter doze off an' fall an' wake up agin. Then I got sorter num' an' monstr'us het up an' tho't fur my weckedness I wus tide flat o' my back onter a bord an' flung inter the lake o' fire an' brimstone Noey Stubbels hed described et camp meetin'. 'Twusn't no use ter try ter move, kase I wus boun' han' an' foot an' then I tride ter holler an' arter what 'peer'd ter be a monstr'us long time, I woke musself up a screemin' fur Kizzy ter com' an' ontie me. But the burnin' didn't stop an' I tore all the bed kivers off an' flung 'em onter the flore an' I heern voices thet sounded strange a sayin' the fever'd sot in. Then I dozed off agin an' tho't I seed Blazes a gallupin' to'ards me a lookin' monstr'us skittish an' thet I kotch holt o' her bridel thet wus a draggin' onter the groun' an' mounted an' started on a long, tiresome j'urney through dark, muddy lanes, Blazes a mirin' ter her knees an' me a ridin' an' a ridin' an' never a gittin' thar. An' now I mus' tell the story, fur awhile, secant hand, es I heern it frum one an' nuther a long time arterwurds.

XXXI.

MY FEVER AN' OUR NABURS.

Father brung the Doctor agin nex' day an' the naburs a gittin' win' o' my sickness com' in thick an' fast ter help our fokes b'ar up onder ther trubbel. Lishy Menden'all wus 'mong the fust ter arrive an' arter examinin' my case he sed the Doctor'd dorgnosed it 'rong an' thet 'cordin' ter *his* noshun 'twusn't no winter fever thet made me rave but thet I wus onder convicshun, kase I kep' a runnin' on 'bout my sins an' weekedness, an' he'd jis' strack up a chune an' see ef it didn't bring me thru. But the singin' hed a con*trai*ry effec', excitin' me ter thet ar pitch I tride ter t'ar the splints offen my leg an' jump outen bed an' a passel o' the men fokes a holdin' me so's I cudn't do narry one I begun ter screem an' yell fur Kizzy ter help me. Thet ar open'd the eyes o' all thet hed bin et the frolick an' them explanin' matters ter ever'body else, a site more pored in on us nex' day ter heer my talk, ther noise a makin' me more distracted'n ever. When Mis' Menden-'all got thar an' seed how matters wus, she sed the fokes orter thin out an' nobody com' inter the house 'cep' them thet wus needed ter help take keer o' me. Then the men went ter work an' patch'd up the chimbly o' our ole caben, thet hed blow'd off in a high win', an' the wimmin clar'd out the rubbish an' som' brung ther beddin' an' in a day or two they wus fix'd up comfurtabel like, a doin' ther own cookin' an' a bein' on han' ef things com' ter the wust. Som' went up inter the loft ter sleep an' pallets wus made down in both houses fur tuther'ns an' the balence wus devided inter relays ter set up wi' me, an' they sed I tuk on most et nite, kase the noise o' the whisperin' an' hitchin's o' chers over the flore distarb'd me monstr'us. Mis' Menden'all went home ever' uther day an' cook'd up a lot o' purvisyuns an' brung em over ter our house an' advised tuther wimmin fokes ter do the same or send word ter ther gals ter cook fur 'em. Then Mis' Ben Jones she talk'd roun' an' tride ter git up hard feelin's a sayin' Mis' Menden'all know'd her cookin' wus better'n ennybody else's an' wanted comparisuns ter be draw'd. But it don' no good, ever'one a sidin' wi' Mis' Menden'all. Mis' Suggs sed she'd bile up a passel o' vittals a Satturdy an' bring 'em but Mis' Menden'all a knowin' how 'tud crowd her work, sed she'd purvide nuff fur 'em both. An' when ole Mis' Flint com' wi' a big basket full o' purvisyuns an' 'twus foun' out she'd borry'd 'em all frum Mis' Tim Jones, a leevin' her empty handed, Mis' Menden'all volunteer'd ter bring Mis' Flint's sheer two. But, purty soon, this 'ere leeked out ter Lishy thru Mis' Ben Jones an' made him mad es a hornet, an' he wus heern ter tell Mis' Menden'all thet she hedn't no call ter set up a free tavern in Moses Deans'es ole caben an' swaller up all the proffits o' the one they wus a keepin' et home fur pay. These 'ere gwines on a comin' ter father's yers, he begg'd 'em all not ter bring no more eteabels onter his place, kase he hed a plenty an' ter spar'. An' then he went an' hed a yerlin' ca'f an' two hogs barbecude, a havin' ter dig thru the friz up groun' ter make his trench. An' he robbed a passel o' beegums an' lade in a lot o' coffee an' the fokes kep' three gritters a runnin' fur bre'd stuff, kase Jurdan's water mill hed stop'd, the ice a bein' thet thick in Littel Muddy som' 'low'd 'twus solid cleen ter the bottum. Father tole all the fokes when thet ar supply o' purvisyuns giv' out he'd purvide more an' ter help therselves liberal ter ever'thing. This 'ere a bein' settel'd they nex' hel' a counsil over my case, me a havin' talk'd in my deliryum ontell they all know'd my secret frum beginnin' ter eend, som' a blamin' monstr'us an' tuther'ns a holdin' I'd don' rite. Tobe Jones sed ever'thing wus fa'r in love an' war an' es both o' these 'ere condishuns wus a purvalin' I orter be exonurated, thet ef he'd a bin in my plaice he'd not only a deceeved 'em, but 'ud a challunged Josiar fur a gittin' him inter the scrape an' a licked him ur a bin lick'd hisself. Tho' thar wus a def'rence o' 'pinyun 'bout my conduc' they all agreed thet ef Kizzy wus thar her voice mout quiet my ravin's, an' som' tho't she orter be sent fur, but tuther'ns sed ef Josiar'd spoke 'twudn't be rite fur her ter com', ever'body 'peerin' ter think his speekin' wus the only thing needed, kase no gal wudn't refuse *him*. But the fust insistud thet this 'ere ortn't ter hev no wate in a matter o' life an' de'th an' they went ter the Doctor, when he com' agin an' explained ever'thing ter him an' ax'd his advice. He sed the fever'd hev ter run its corse but thar wusn't no dou't my min' a bein' sot et rest when I com' outen it ud go a long ways to'ards a bringin' me thru. Then Lishy Menden'all volunteer'd ter go ter Mis' Reed's an' tell how matters stud, a promisin' ter bring Kizzy back wi' him, shore an' certing, but he wus monstr'us mistuk an' jis' made a botch o' the 'hole job frum beginnin' ter eend, a smoothin' nuthin' over an' a makin' me out meener, ef possibel, then I wus, a addin' ever' aggervatin' thing he cud think uv, a sayin' I'd flouted Kizzy, monstr'us, when she'd tole out loud 'fore ever'body thet she liked me an' then my fokes a knowin' this 'ere wus a axin' fur her ter go an' try ter save my life. 'Peer'd Kizzy never menshun'd the plays an' when Mis' Reed heern o' my conduc' it fired up her Kaintuk blood, monstr'us, an' she giv' Lishy sich a gwine over fur a comin' on his arrant thet he retreeted cleen inter the yard, her a follerin' an' a tellin' him ter go back ter them thet sent him an' say ef I died 'twudn't be Kizzy's fault an' she shudn't stur a singel step. Lishy's long tung don' him no good *thet* time an' he sneeked back monstr'us down in the mouth an' sed 'twus a good thing thet me an' Kizzy wus et outs, an' likely ter stay so ef I got well, kase ole Mis' Reed ud make the worryinist mother-in-law he'd ever know'd in all the settelmunts roun', ur even back thar in Tennysy. Me still a ravin' all nite long mother tuk it inter her he'd, es she know'd all the sarcumstances better'n ennybody else, ter go an' explane matters ter Mis' Reed an' Kizzy herself, an' ax Mis' Reed ter com' long two an' bring her boys, ef she cudn't leeve 'em, an' sed 'tud look better fur her mother ter be thar ef Kizzy wus promised ter Josiar. A leevin' me in charge o' Mis' Mendenʼall an' father, mother bundeled herself up well an' sot off arly in the mornin' on our ole "Windinblades" thet wus a monstr'us fast racker. Well, mother she cudn't bring Mis' Reed ter turms nuther an' purty soon they com' ter words. Arter mother'd gon' over ever'thing I'd tole her frum beginnin' ter eend, 'cep' my blasphemin' an' treetment o' Blazes, an' dwelt on how I'd 'pologized ter Kizzy an' begged her ter drap a word ur make a sine ur ennything I'd onderstan', an' my sufferin's o' body an' min' arter I wus throw'd, Mis' Reed sed I *desarved* ter suffer (whech wus a fac'). Mother ans'er'd back thet when I'd 'umbled musself an' explained ever'thing ter Kizzy she orter a sed somethin' one way ur tuther whether she keer'd fur me ur not, thet I'd tole her 'twus kase I tho't sich a power o' her an' wus so bashful thet I'd tride ter hide my feelin's 'fore fokes an' got sturr'd up an' flustrated but hed gon' ter her wi' my full intenshuns the fust chance I got in privat'. Then Mis' Reed sed Kizzy hed a rite ter act independen' like an' accep' 'pologies ur not es she plees'd, an' es fur Jack nobody needn't try ter smooth nuthin' over fur him when his conduc' hed bin so meen an' low life, an' es fur Kizzy she cud marry his betters *enny* day. Mother sed Kizzy'd hev ter go a long ways ter fin' Jack's betters, ef she did say it es shudn't. An' Mis' Reed sed thet ar wus a matter o' 'pinyun; *ennyhow* Kizzy shudn't go a runnin' arter no man sick nur well, livin' nur ded, when she cud hev the bes' in the kuntry an' not stur frum the house, an' fur onct an' all she'd repeet thet Kizzy ud never go ncer me wi' *her* consent, ef I died. An' then mother kuntrived ter hole in her feelin's long nuff ter say: "Ef I'd a know'd ye wus so hardharted I'd never a darken'd yer dore on this 'ere arrant! Jis' keep yer gal an' by the help o' the Mity Goodness we'll try ter pull Jack thru 'thout her!" Arter this 'ere mother hurri'd out ter hide her cryin' an' mounted "Windinblades" an' started fur home. Kizzy'd heern the explanin' an' disputin' 'thout a openin' uv her mouth, jis' a walkin' back'ards an' forrids et her wheel, a keepin' it a buzzin' when the talkin' wus mod'rate like, an' a stoppin' ter fix the spindel, ur band, when the voices riz, an' when mother wus in the middel o' her las' sentence she drap'd her spinnin' stick onter the flore an' rush'd outen the house. When mother'd jis' got roun' one side o' the littel cornfiel' she seed Kizzy a comin' et her outen the bresh, her ha'r all tumbled down an' a blowin' in the win' an' the teers a streemin' over her cheeks an' her han's hel' up tergether monstr'us pleedin' like. An' a comin' up clost she sobb'd out: "Oh, Jack's mother! Jack's mother! don't let him die! An' tell him when his senses comes back thet I'm *so* sorry fur him—an' thet I *did* forgiv' him—an' I tho't he sed: 'Drap the gourd an' I'll take it fur a sine'—an' I flung it down *hard*, so's he'd know— an' I never look'd et him agin, kase tuther'ns mout a gessed how 'twus—an' I tho't he'd onderstan'—An' 'twus sich a releef ter know all wus rite agin—'peer'd like when we begun ter sing I wanted ter make my voice reech cleen up ter the skies—a bein' so thankful—An' arterwurds I cudn't make out why he wusn't roun' when we wus all a gwine home—a wa'tin' fur him es long es I cud—an'—an'—when somebody else step'd up an' ax'd fur my comp'ny, I cudn't refuse—kase 'twus two late an' dark ter go home by musself—An' tell him all this 'ere an' thet I'd go ter him ef I cud—but I've bin—a —a·disappintmunt ter mother—an' she's allus hed sich a bad time I can't b'ar ter cross her when she's so sot agin my gwine—an' don't think she's es hardharted es she seems—she's not herself now an' mebbe'll be def'rent when you see her nex' time—jis' look over what she sed in her aggervashun—but, oh! don't let Jack die!" 'Fore Kizzy's say wus ha'f out mother'd slid offen "Windinblades" an' wus a huggin' her wi' all her mite. An' when she woun' up mother tole her not ter worry non', an' then a tryin' ter describe how I wus a ravin' fur Kizzy she broke down herself an' Kizzy tuk holt an' comfurted *her* an' they hed a reg'lar ole fashuned camp meetin' thar all ter therselves. I 'low 'tud a bin a monstr'us purty site ter a seed them ar two wimmin fokes a tryin' ter keep one nuther's sperrits up when both wus so downharted. Mother tole Kizzy she'd excuse all her mother sed fur *her* sake an' thet now 'twus sorter impress'd on her I'd git well wi' so menny a keerin' fur me. An' Kizzy enkurridged mother an' sed mebbe when *her* mother'd hed time ter reflec' she'd change her min'. An' then she twisted up her long ha'r an' woun' it roun' her hed an' fasten'd it wi' her come, thet she'd pick'd up an' carri'd in her han', an' led "Windinblades" clost ter a stump an' mother mounted an' started home, a lookin' back et Kizzy thet waved her han' ontell mother wus cleen outen site an' then went back ter her spinnin'.

A big crowd gether'd roun' mother fur news es soon es she rid up ter our fence, ever'body a wonderin' how she cud be in sich good hart when she'd com' back by herself, but the only ones thet got all the purticklars o' her trip wus father an' Mis' Menden'all.

XXXII.

FATHER WINS.

When mornin' com' an' foun' me no better father sed es Kizzy wus on our side 'peer'd like her mother orter be fotch roun' an' ef nobody didn't bother him non', mebbe he cud kuntrive som' way ter bring her ter turms. Then he tuk his whetstone outen a crack in the wall an' sharpen'd up his knife an' hed one o' the boys bring him a cleen, fresh corn cob thet he cut an' scraped an' finished off thet neet som' sed it looked like a rale store pipe, an' then he cut a hole in the side an' fix'd a goose quill in fur a stem an' fill'd it wi' fresh terbacker an' tuk up a live cole wi' the tongs an' pressed it inter the pipe wi' his thum' an' sot hisself off in a korner o' the fireplace ter smoke. Arter a long spell o' lookin' strate inter the fire an' a studyin' an' a battin' his eyes father riz an' knock'd the ashes outen his pipe an' sez ter mother an' Mis' Menden'all: "I've got it!" Then he draw'd on his big cote an' went out an' saddeld up his critter an' a puttin' mother's side saddel onter Windinblades started off ter Papaw Holler in a hurry. Es he tole arterwurds, he hitched Windinblades outen site in the timber an' rid up an' tide his critter ter the fence an' went inter the house, whar he foun' matters a lookin' monstr'us jubos. Mis' Reed scursely anser'd when he sed "Howdy" an' then sot two an' giv' Kizzy a gwine over fur a bein' behin'han' wi' Mis' Menden'all's spinnin', the pore gal a walkin' up an' down et the wheel an' lookin' es ef she'd mos' cride her eyes out. The boys a comin' in ruther noisy got *ther* sheer o' scoldin' two, an' a cuffin' inter the bargin, an' wus sent off ter pick up bresh. 'Thout 'peerin' ter notis nuthin' father tuk a cher an' draw'd up ter the fire an' hel' fust one han' an' then tuther over the blaze ter warm 'em up an' then sot out ter a talkin' *et* Mis' Reed 'bout the wether an' one thing an' nuther 'thout a gittin' no ans'er; then he whis'led hisself cleen outen bre'th on a mo'rnful sorter chune, a fotchin' up wi' a melunkolly syth. Mis' Reed finish'd clarin' up, a crashin' the deeshes inter the dresser an' a bangin' chers an' tabel agin the wall; then she kotch up the broom an' fell two es ef she'd sweep father inter the fire 'long wi' tuther litter. But he mov'd his cher roun' outen the way, monstr'us good natur'd, an' when she sot down wi' her cards an' a pile o' wool an' got well on wi' her work father ventur'd a remark 'bout the cole wether. 'Peer'd like him a bein' so patien' an' fren'ly hed sorter thaw'd her out ur else her temper'd got a littel ex'austed, kase she ax'd him, but middlin' snappish like, how his fokes wus. Et this 'ere the wheel stop'd buzzin' all uv a suddent, a havin' throw'd the band an' got it all snarl'd up onter the spindel an' father a gessin' the reeson cudn't hev the h'art ter tell the wust an' only sez: "I'm in hopes they're som' better by this 'ere time!" An' he went on ter say he'd com' over fur a littel talk, kase he'd heern thet her an' his ole wummin didn't git on very well tergether yisterday. Et this 'ere Mis' Reed 'peer'd ter fire up agin, a tellin' Kizzy not ter stan' a gawkin' roun' over thet ar band all day, but 'fore she begun work agin, ter hunt up the boys an' tell 'em ter bring 'long the bresh in a hurry. When Kizzy'd gone father sed he cudn't b'ar ter be et outs wi' non' o' the naburs wi' Jack a lyin' thet low he mout be et the pint o' deth, an' mebbe ud never git up agin. An' he sed mother wus all wore out wi' anxi'ty an' a takin' keer o' me an' ef she'd sed ennything ter hurt feelin's she wus monstr'us sorry, thet she know'd Kizzy wusn't ter blame fur nuthin' an' desarved better treetment than I'd giv' her, thet she wusn't onder no obligashuns ter me, whatsom'dever, but mebbe in the cause o' humanity an' ter save life som' things mout be overlook'd. An' then he tole her 'twus only ter quiet my min' when I com' ter my senses thet they wanted Kizzy, kase ef I went on a worryin' when the fever left me I mout die. This 'ere an' a site more thet he sed 'peer'd ter a totch a tender spot in Mis' Reed's hart an' she sed she wus sorry Lishy Menden'all hed ever sot his foot inside o' her dore ter tell the doin's et his house, kase she'd bin monstr'us putt out 'bout nuther matter thet she cudn't onderstan' afore an' Lishy's story'd made it all plane es day. She sed Josiar Simson hed brung Kizzy home frum the frolick an' com' in ter warm up, thar a bein' a big fire a burnin' an' thet him an' Kizzy sot down an' wus a talkin' middlin' low, but she heern ever' word. An' arter a long rigmarole an' a site o' palaverin' Josiar com' ter the pint an' ax'd Kizzy ter marry him an' she sed she wus much obleeged fur his pref'rence, but cudn't possibly accep' an' he beg'd an' pled fur her ter take time an' kunsider but she sed ef she shud kunsider all the balence o' her life it never cud be noways def'rent. An' he 'low'd she wus mistuk an' didn't know her her own min' an' kep' on a argyin' thet mebbe he'd spoke two suddent, but she stud firm, never a yieldin' a inch an' he got up an' went off in monstr'us low sperrets arter a tellin' her ef she *did* change ter let him know an' he'd com' back enny time. But she hel' out ter the vary eend thet thar cudn't never be no change. An' Mis' Reed sed the minnit arter Josiar left she riz an' tole Kizzy she wusn't nuthin' but a nateral born iggiot fur a lettin' sich a chance slip, thet she'd bin a hopin' an' a prayin' 'tud com' roun', him so well off an' them so pore, an' no man purson ter help rase the boys thet wus a bein' spilt wi' so much wimmin fokes'es hectorin'. An' Mis' Reed sed they'd actooally a suffer'd thet winter ef they hedn't a bin kep' in work an' purvisyuns by Mis' Menden'all, thet they'd carded an' spun an' wove 'arly an' late an' not much ter show fur it nuther, an' she'd tole

Kizzy she cud bring Josiar back wi' a word an' then *she* wudn't hev ter go an' 'umble herself 'fore her fokes in Kaintuk, a havin' run off wi' a Yankee school teacher an' marri'd him agin ther will an' bin brung mos' ter starvashun, him never a bein' abel ter git no sorter work he know'd how ter do an' they hed ter live a fur ways off in the ba'kwoods ter hide frum her daddy an' brothers. An' when et the las' her ole man wus a dyin' wi' a slow fever he made her promis' ter take the chillern an' go back ter her fokes an' git 'em ter write ter his'n fur help; an' thet she'd ruther a died herself than to a done it, but fur her promis' an' the chillern's sakes. An' she'd kep' her word an' wus on her way when her littlest boy wus tuk down wi' fever'n ager an' they hed ter stop an' wate fur spring. An' she'd tho't ef Kizzy marrid Josiar he'd git the boys inter som' sorter work an' help make 'em all independen', so when they *did* go back 'twudn't be es beggars, an' them she used ter scorn an' hold her he'd 'bove, when she wus proud an' rich, wudn't be a lookin' down on her. An' when she'd scolded Kizzy an' lectur'd an' reeson'd wi' her an' com' monstr'us nigh a fallin' down on her knees ter beg her ter save 'em frum a gwine back es they'd started, Kizzy sed she wus willin' ter work her fingers ter the bone fur her mother an' the boys, an' 'tud be her highes' ple's-ur ef no uther help com', but she never cud an' never wud marry no man she didn't keer fur under no sarcumstances whatsomdever fur nobody nur nuthin'. An Mis' Reed sed she cudn't onderstan' it kase Josiar wus a likely man an' monstr'us perlite ter Kizzy an' Jack hedn't never bin a comin' roun' non', but when Lishy Menden'all let the 'hole story out ever'thing wus es plane es day, an' she know'd 'twusn't no use ter go on a plannin' ter bring Kizzy an' Josiar tergether, kase ef she'd tuk a likin' ter Jack, no matter how much he'd flouted her, she'd live an' die 'lone ruther'n ter spunk up an' marry somebody she didn't keer fur ter spite him. An' when mother com' an' tole her o' my gwines on agin an' how I'd slited Kizzy an' a throwin' blame onter her fur not gwine down on her knees an' a thankin' me, es 'twus, when I tried ter 'pologize, a makin' me out a saint an' acnolledgin' I'd lied in the same bre'th, *then* Mis' Reed sed she *did* git spunky an' giv' mother a peece o' her min'. A talkin' it over made her rile up agin an' she tole father thet now he know'd the hist'ry o' Kizzy's fam'ly an' why *she*'d not bin willin' ter have fokes a comin' arter 'em a tryin' ter dictate the'r acshuns, an' she wus glad the talk wus over an' hoped he'd now mount his critter an' go home; thet she'd sed Kizzy cudn't never go a runnin' arter no man sick nur well wi' her consent an' she wus a wummin o' her word. Jis' then Kizzy com' in wi' a armful o' bresh an' sed the boys wus a draggin' a passel o' de'd logs down hill, ter git 'em neerder the house ter cut up inter fire wood, an' father ax'd how ole she wus an' she sed ateen a gwine on nineteen an' he sed 'cordin' ter law she wus ole nuff ter speck fur herself an' 'peer'd like she orter hev a voice in a matter him an' her mother hed bin talkin' over, kase it consarned her more'n it did arry one o' them. An' he sed 'fore his Jack tuk the fever he wus in monstr'us distres' on 'count o' som' inj'ry he tho't he'd don' her, pore feller! an' sense he wus outen his he'd he'd jis' raved 'bout it nite an' day a callin' on her ter forgiv' him, an' thet the doctor tho't ef she wus thar ter releeve his min' when the fever'd run its course an' he com' ter his senses, he'd stand som' chance o' pullin' thru, but ef he went ter a dwellin' on it an' a worryin' 'tud push him purty hard ter git up agin, kase he'd be so monstr'us week. When father woun' up Kizzy wus thet overcom' she cudn't har'ly speck, but sorter sobbed out she wish'd her mother'd let her go. Mis' Reed wus a wipin' the teers offen her own cheeks an' mad et herself fur a givin' way, an' sed they'd no biz'ness all a cloagin' tergether an' aggervatin' her inter a sayin' Kizzy cudn't never go wi' her consent. Then father tride ter cheer her up an' ax'd her ter go 'long herself an' take her littel fellers an' they cud 'muse therselves a ketchin' rabbits wi' his shavers, an' thet *she* needn't take no responsibil'ty 'bout Kizzy but let her go on her own hook an' thet ar wudn't be a brakin' nobody's word. 'Bout then father's critter nicker'd an' nuther'n anser'd a comin' fast to'ards the house. They all tho't I wus wuss an' father'd bin sent fur an' made a rush tergether fur the dore an' seed our ole

Windinblades a rackin' up wi' both o' Mis' Reed's boys on her back, them a hollerin' they'd foun' a stray but it hed bin hitch'd an' broke loose. Father wus cleen beet out, kase he'd forgot the he'dstrong ole thing wudn't stan' 'thout nuthin' much short uv a cabel rope ur a log chain roun' her neck (tho' he'd putt a strong halter onter her fur mother the day afore) an' hed tide her up by the bridel ter a swingin' lim'. Mis' Reed look'd et father an' father look'd et Kizzy an' they all look'd et Windinblades an' the side saddel, an' then daylite broke in on Mis' Reed's min' an' she tole father he'd hid this 'ere critter off in the timber an' wus detarmin'd ter take Kizzy whether ur no. An' then father, thet wus a brag reesoner when he got hemmed in, jis' turned on a big streem o' ilokence an' pled like a rale shore nuff lawyer 'fore the bars uv a high surkit court. An' the upshot wus he silenced Mis' Reed's objecshuns an' brung her roun' ter be willin' ter go home wi' him an' take the boys an' then father bolster'd up Kizzy's kurridge a pledgin' his word thet she wus a doin' rite an' agreein' ter take all the blame on hisself ef she wusn't. Then he kiver'd up the fire, while tuther'ns got reddy ter start, an' they all com' out an' the dore wus pegged an' father putt Mis' Reed an' the two boys onter Windinblades, thet wus a monstr'us stout ole anumal, an' tuk Kizzy up behin' him on his critter, an' sot out fur home. When the pursesshun got in site o' the house, our littel Mose a bein' on the lookout, holler'd ter tuther'ns, thet ar a bein' the signul fur the naburs ter rush inter the ole cabcn an' shet the dore, 'cordin' ter Mis' Menden'all's plan. But father sed when his crowd com' thru the yard thar wus eyes a shinin' et ever' crack in the wall es thick es stars in the dark o' the moon on a cl'ar winter nite.

XXXIII.

OUTEN DARKNESS INTER LITE.

Mother met the new comers et the dore wi' a h'arty welcom' an' ax'd 'em ter set up ter the tabel an' hev som' hot coffee an' things. Mis' Reed an' the boys wusn't slow in acceptin' the invite, but Kizzy didn't 'peer ter a heerd nuthin' but my mutterin's, es I lay a tossin' on a bed in a dark korner o' the room. They sed she turn'd monstr'us white, but tuk holt frum the fust a tryin' ter make herself useful ter them thet wus a takin' keer o' me an' kep' mother an' all the balence in hart an' rested by her patiens an' kurridge an' handy ways o' makin' things go on e'sy. An' Mis' Reed 'peerin' ter want ter make up fur all she'd sed an' don' agin me turn'd out, 'cordin' ter Mis' Menden'all's 'pinyun, ter be the bes' nuss on the plaice, but 'twus days arter they arriv' 'fore thar wus enny purceptubel change in me. The fust I cud ricollec' wus a dull, tired feelin', es ef I wus a tryin' ter wake musself up outen a onple'sant dreem. Thar wus a roarin' noise in my yers an' I heern voices thet sounded a fur ways off, but cudn't make out what they sed, an' tride ter articoolate somethin' musself, but wus two week. Then I open'd my eyes an' seed a grayish mist a movin' up an' down an' a lite spot in the distans, thet mout a bin the sun, but es I kep' a lookin' it changed inter a pale face, thet 'peer'd familyur like but I cudn't ricollec' the name, an' I got tired an' my he'd begun ter ache monstr'us. An' then, they pry'd my mouth open an' po'red down a few draps o' soup, ur somethin' thet tasted good, an' I lost musself agin. 'Peer'd like a long time 'fore I com' two an' seed the mist wus all gon', but the face wus still thar a warrin' a solem' smile an' I know'd 'twus Kizzy. An' then I sorter ricollected somethin' hed happen'd ter me, but my idees wus monstr'us confused an' I 'low'd mebbe Kizzy wus a contemplatin' uv me frum the sperrit land, an' then I tho't ef she wus de'd I mus' be de'd two, but cudn't make out whar we wus et. I know'd I wusn't fit fur Heving an' thet Kizzy wus two good fur tuther plaice an' thet by rites we ortn't ter be tergether. Then I shot up my eyes ter reeson it out an' it com' over me thet we wus both in the good worl' an' mebbe Kizzy'd gon' my scoority an' got 'em ter take me in es a purbashuner. An' arter a long spell o' tryin' ter speek, et las' I axes: "Kizzy—is—this 'ere—Heving—we're et—?" An' then her smile got rajent an' a leenin' over she putt her lips clost up agin my yer an' sez: "No, Jack! but 'peers like we aint fur frum it!"

By degrese ever'thing com' back ter me, an' when I remimber'd my past conduc' I wus jis' broke down ter think when I wus a committin' ever' weeked an' ongrateful deed I cud, agin ever'body an' ever'thing, an' a lyin' an' a blasphemin' in the face o' my Creatur, he wus a heepin' murcies an' blessin's onter me a givin' me Kizzy—fur we wus promis'd now an' the 'hole settelmunt know'd it, an' I wus a gainin' stren'th ever' 'our an' my leg mos' well.

One day I wus a lyin' on the bed all by musself, ever'body gon'—Kizzy an' her fokes a bein' the last ter leeve us—when I got ter a thinkin' it all over an' hed ter keep my eyes shot up tite ter hole the teers back. An' es I went on a reflectin' my hart wus thet totch up I wanted ter say somethin' out loud ter express my gratitood an' the fust words thet com' ter me wus what father spoke when he got Jim back. An' a claspin' my han's tergether I sez: "Bless the good Lord!" an' a big shaky voice responded "Amen," an' a lookin' up I seed Lishy Menden'all a standin' by the bed a flourishin' his big yaller silk hankicher. An' a feelin' et peece wi' the 'hole worl' I jis' reech'd up an' got him roun' the neck an' hugged him es ef he'd a bin my own father.

Dunno what started 'em, but the weddin's thet tuk plaice in our settelmunt, thet ar summer, wus a caushun. Becky Suggs led off wi' the y'ung Post Oke Flatter, Wesly a follerin' wi' Sally Ann Jones, then Tobe an' Zurrildy fell inter line an' arter a month ur two, Simon Suggs an' Peggy Jane Jones an' Elick an' Patsy Briggs enter'd the state o' matteromuny tergether 'Twus surprisin' ter hev a dubbel weddin', but what made fokes open ther eyes the wides' wus Josiar Simson's a gwine off ter ole Virginny an' a bringin' back a wife o' his own kin', thet hed com' down frum Pokyhuntis on a side tract, an' she wus dark two an' hel' her he'd a monstr'us site higher'n Josiar hisself. When the weddin's wus a gwine on so thick an' fast, rite smart o' the fokes tho't me an' Kizzy orter hev ourn long wi' the balence; but she insistud on a waitin' ontell she cud lay up a littel somethin' o' her own to'ards housekeepin'. An' so she carded an' spun an' wove fur Mis' Menden'all thru the spring an' the long summer days, me allus a takin' her home frum meetin' on Blazes an' a bein' more an' more convinced ever' Sundy thet ef I cud a had my pick outen all the gals in the 'hole worl' my choice fust an' last ud a bin—Kizzy.

Our Jim com' hom' an' him an' father help'd me git out logs fur my house an' the naburs jined tergether an' rased an' kiver'd it an' run up the chimbly an' lade the flore, an' purty soon 'twus reddy ter move inter. An' when the fust o' September roll'd roun' Kizzy's task wus finish'd an' Mis' Menden'all wus monstr'us lib'ral, a givin' her a pi'neer gal's dowry, thet allus consisted uv a fe'ther bed an' a cow, an' then, a outgineralin' Lishy, somehow, she added ter it a compleet outfit fur housekeepin' es ef Kizzy'd bin her own darter. All wus reddy, but we wated ontell the fust Sundy o' camp meetin' an' then jis' 'fore mornin' preechin' I led Kizzy outen the Menden-'all camp inter the big alter an' Paul Wheelrite marrid us thar, wi' all the fokes a lookin' on, the bigges' part a jinin' in wi' him when arter a pur-nouncin' us "man' an' wife" he sed: "Amen." An' thet ar day I let up on the moral'ty bizness, not a wantin' no more ter try ter clime inter Heving on the outside o' the wall like a theef an' robber, es the good book sez, an' when the dores o' the church wus open'd, I wus tuk in strate an' reg'lar, me an' Kizzy tergether, her in her white weddin' dress, jis' es she wus marrid. An' thet ar wus the way we started out on our life j'urney, side by side, a tryin' ter regoolate our walk so's allus ter keep in the strate an' narrer way thet leeds ter the good worl'.

XXXIV.

TOWN FOKES AN' KUNTRY FOKES.

'Fore long Josiar lade off a town et the Forks an' call'd it "Simsonville" an' got it tuk fur the county seet an' they bilt a clabbord court house thar an' a two story hew'd log jail back uv it, one room 'bove tuther'n, narry one a bein' over sixteen foot squar'. The steps o' the jail run up on the outside onter a platform, whar the iern spiked dore open'd an' a trap dore inside, an' a ladder, led ter the room below, whech wus call'd "the dunjon," tho' 'twus high an' dry 'bove groun' wi' littel grated winders, same size es tuther'n. Dave an' Nate Brown com' back ter live in the settelmunt agin, ther gran'daddy a havin' died an' left 'em all his prope'ty a makin' 'em independen' fur life, ef they tuk keer uv it. Dave brung wi' him a monstr'us purty wife an' Nate bein' smit' wi' Rhody Suggs, thet hed bloom'd out inter a likely y'ung wummin, 'twusn't long 'fore they struck up a match, an' thar wus nuther weddin'. Not long arter Dave an' Nate com' back Lishy Menden'all tuk a noshun ter giv' up farmin' an' go ter doctorin' an' sole out his improvemunts on the ole plaice ter the boys fur a big bonus an' bought him som' lots in Simsonville. Dave an' Nate a wantin' ther mother ter hev a good home help'd him ter putt up a dubbel hew'd log house wi' a big entry onder the same rufe an' plenty o' outbildin's. An' Mis' Menden'all hed her cow an' chickens an' pigs an' wus monstr'us well satisfide. Lishy Menden'all got him a pa'r o' pill bags an' a lopin' critter an' letter'd out a monstr'us big sine:

> "DOCTOR MENDEN'ALL.
> DE'TH ON FEVER'N AGER
> AN ALL UTHER COMPLA'NTES."

an' naled it onter the house ter attrac' customers an' 'twusn't long 'fore his practis extended fur an' wide. He wus the only Doctor I ever know'd thet collected all his bills; ef they didn't com' in munny he'd take enny kin' o' projuce an' trade it off *fur* munny, an' make them es hedn't nuthin' ter pay wi' work roun' his plaice; an' in the corse o' time he piled up a snug littel fortin. Es fur his doctorin' thar wus def'rences o' 'pinyun on thet ar pint. Som' 'low'd his beet fur a layin' out a reg'lar ole fash'on case o' fever'n ager hedn't never bin foun', nowhars, but Tobe Jones sed offener the one Lishy 'tended on wus lade out fust.

Ole Daddy Suggs don' a big missionary bizness over in Post Oke Flat, a gittin' the surcut preecher ter help him when he cud, an' a hangin' on hisself ontell ever' grone person in the 'hole settelmunt jined meetin', an' a rite smart o' chillern wus tuk in thet som' tho't two y'ung ter jine ennything, but Ole Daddy sed " better git the littel lam's inter the Fold then ter leeve 'em outside ter the prowlin' wolves." Arter this 'ere he got tuther settelmunts ter help the Flatters putt up one o' the bigges' meetin' houses ever made outen logs, an' they call'd it "Union," kase all the fokes hed jined tergether an' bilt it arter so menny yers o' def'rence, an' the purtracted meetin's wus hel' turn 'bout in the Ridge an' Union meetin' houses.

Movers com' in thick an' fast an' Becky Suggs' (thet wus) es ole man sot up a Satterdy an' Sundy skule an' thar wusn't no plaice in our eend o' the state thet went ahe'd o' Post Oke Flat arter it onct got well ter gwine. Its a bein' so monstr'us hard fur Ole Daddy Suggs ter cross the purrary fur his meetin's, in all kin's o' wether, his son-in-law entered a good peece o' land, jinin' his'n in Mis' Suggs'es name an' bilt a house an' moved the fam'ly over inter it. An' he tole Lishy Menden-'all, whech wus pine blank es good es a givin' it out in meetin', thet his daddy-in-law a havin' a purclivity fur sales wusn't ter be hender'd non' in his enjoymunt uv' em, but ef ennybody ever com' a spungin' onter him agin ter sine ther papers, they'd hev a monstr'us big 'count ter settel wi' *him*, whech bodiaciously broke up the scoority bizness fur Ole Daddy, its a bein' well know'd thet Becky Suggs' (thet wus) es ole man wusn't a feller ter be fool'd wi'. Arter this 'ere Mis' Suggs tuk hart, an' got ter be thet forehanded wi' her work she raly enjoyed her Sundys an' giv' in es brite an' cheerful expeerences et class meetin' es ennybody, a tellin' mother when she made us the fust visit, arter the fam'ly moved, thet now it 'peer'd like they wus *all* a gwine ter git ter the good worl' tergether. Simsonville settel'd up fast an' meetin's wus hel' in the Court House, et fust, a gwine on well ontell a passel o' Free Will Babtis' com' in, som' a settin' up blacksmith an' carpunter shops an' tuther'ns a farmin' uv it roun' the naburhood, an' *ther* meetin's wus hel' in the Court House two: sometimes a clashin' wi' the Methodis' 'pintments. An' things got ter sich a pass all the leedin' Methodis', fur an' nigh, men an' wimmin, wus call'd tergether ter deside how the matter orter be settel'd an' they met et Lishy Menden'all's. Som' wus fur a holdin' onter the Court House, es the Methodis' wus so much in the major'ty, an' a oustin' the Babtis' altergether, by a scrougin' in ahe'd uv 'em ever' Sundy, a takin' the pulpit an' a fillin' up the house. Mis' Menden'all sed she wus afeer'd thet ar wudn't be a showin' the rite Christen sperret, an' she b'leeved when the brethrin' com' ter talk it over they'd 'low 'twus bes' ter putt up a bildin' uv ther own, an' leeve tuther denomunashun in peeceabel pusseshun o' the Court House. An' thet es a grog'ry wus a bein' sot up on tuther side o' the big rode frum Bruther Simson's store, she didn't think nobody thet wus a tryin' ter do rite orter be putt down an' mebbe the Babtis' cud git holt o' them the Methodis' cudn't reech, an' in thet a way they'd be sorter jined tergether agin the grog'ry. Then

Ole Daddy Suggs riz an' sed Sister Menden'all wus rite an' hed Scripter on her side fur a argyin' ter let tuther'ns 'lone, kase it hed bin lade down by the Master hisself thet them thet wusn't agin the good cause wus fur it. Then 'thout no furder debatin' ever'body in favur o' havin' a meetin' house o' ther own an' a leevin' the Court House ter the Babtis' wus ax'd ter rize an' 'twus carrid unanimyus, the wimmin fokes a standin' up an' a votin' es big es the men. An' then they all got devided up agin on the *kin'* o' meetin' house. Som' wanted it bilt o' ruff logs an' sorter smooth 'em off arter*wurds*, an' som' sed hew'd logs an' tuther'ns went in strong fur clabbords; but the fust uns 'low'd 'tud look two monstr'us stuck up ter go so fur ahe'd o' the settelmunt meetin' houses. But Josiar Simson sed ef the kuntry fokes help'd bild the meetin' house 'tud be theirn two an' they'd be expected ter com' inter town an' stay thru the purtracted meetin's, in winter time, an' in summer hev 'em turn 'bout in ther own meetin' houses, es afore, an', o' corse, all han's ud jine on the camp meetin'. Lishy, thet hed bin call'd off ter see a patien', got back in time ter heer Josiar's complemise an' sed ef the kuntry fokes expected ter com' ter town an' bo'rd thru a 'hole purtracted meetin' 't wudn't be nuthin more'n rite fur 'em ter bring 'long a few venzon hams an' a littel hunny an' fresh butter. Et this 'ere Mis' Menden'all got monstr'us red in the face, but it never hender'd her frum a standin' up an' expressin' her 'pinyun.

"Fr'en's an' naburs!" sez she, "fur one *I'm* not agin a clabbord meetin' house; ef we're abel ter bild it. It's our dewty allus ter giv' the Lord the best we've got; when we wus two pore ter hev a plaice sot apart fur Him, an' wusn't two menny, we hel' meetin's in our cabens, an' monstr'us good meetin's they wus, two, es som' can b'ar witness thet's here ter day! An' then we got a littel furder on an' bilt our meetin' house, outen ruff logs, kase we hedn't no uther mater'al handy, an' the camp meetin' grow'd outen thet an' ye all know what a outporin' o' blessin's we've hed thar; an' now we've got 'long fur 'nuff ter hev a town an' strangers, thet's bin uster better things, is a comin' in a lookin' fur homes, an' the bigges' part uv' em is y'ung men siperated frum ther fokes, an' we orter hev a meetin' house enticin' in its looks whar they ken com' an' heer the gorspel truth an' be kep' in the rite tract. An' I hope non' uv us won't feel stuck up over a havin' a frame meetin' house, its not a bein' ourn nohow, but the Lord's, an' we orter allus com' inter it wi' 'umbel mines an' contright harts an' not bring 'long no pride nur hard feelin's wi' us ter throw no dampers on the meetin's!" An' when she sot down ole man Badger, thet hedn't tuk no sides afore, he riz up an' sed es the jail wus bilt outen hew'd logs, 'peer'd like the meetin' house orter be a notch ur two 'bove it, an' then father, thet hed bin fur a clabbord meetin' house frum the start, moved ter bild one an' Mis' Menden'all a secantin' the moshun 'twus putt ter vote an' carrid 'thout narry dissentin' voice.

Then work wus devided off, ever'body a jinin' in, an' no time a bein' lost, 'twusn't long 'fore the bildin' wus up. An' not ter be behin'han' in a helpin, the wimmin fokes knit woolen socks an' putt 'em inter Josiar Simson's store ter be tuk ter Pawneeville an' traded off fur rale glass fur the meetin' house winders. Mis' Menden'all a bein' a monstr'us good knitter, her socks allus brung the highes' price her a makin' the heels long an' a good big foot an' never a skimpin' 'em non' in the legs; a rite smart a knittin' theirn two littel an' a tryin' ter stretch 'em out arter*wurds*, thet allus show'd, an' they orter a know'd they cudn't never fool Josiar on 'em non' nohow. Thar wus rousin' times arter the meetin' house wus bilt an' the surcit rider moved his fam'ly inter Simsonville. This 'ere un didn't preech in a strateforrid, simpel way, like Paul Wheelrite, but went in strong fur big words an' wus monstr'us noisy in a usin' uv 'em, his poundin' a gwine ahe'd o' Joel Tomson's es he banged on the new pulpit ter hole the attenshun o' them es cudn't keep the run o' his sarmint. Fur a long time nobody wusn't putt inter jail 'cep' runaway niggers, thet wus hel' thar ontell ther masters com' an' claim'd 'em, ur sold ter work out the expense o' ther keep 'fore they wus freed, ef not com' fur. An' Mis' Menden'all she pursuaded ole man Wilder, thet hed bin 'pinted ja'ler, ter bring 'em ter meetin', Sundy mornin's, whar they occerpide the back seet, wi' him a settin' on the outside eend a gyardin' uv 'em wi' the big iern jail key thet wus more'n a ha'f a yard long. Mis' Menden'all 'low'd it don' the pore pris'ners a site o' good ter git out in the fresh a'r onct a week ter heer the singin', ef they cudn't git no hang o' the sarmint, a confessin' she hed ter watch monstr'us clost ter onderstan' ennything herself an' thet thar wus a site o' big words putt in thet she miss'd ennyhow. The Babtis' wus monstr'us glad ter hev the Court House ter therselves an' 'peer'd ter be well meanin' sort o' fokes, never a tryin' ter git no he'dway agin the Methodis', jis' a gwine on an' a hoein' ther own row, 'thout a harmin' nobody. This 'ere a bein' the case all han's turn'd out ter ther babtisin's in Muddy Fork an' 'twusn't long 'fore rite smart o' the new Methodis' convarts 'peer'd ter think sprinklin' by itself not suffishent an' wus babtis'd def'rent, es they hed a rite ter be 'cordin' ter the rules o' the Dis*ci*plin' an' ther own consc'ences, som' a standin' up ter ther wastes in the crik an' a bein' sprinkel'd, som' a kneelin' down in shaller plaices an' a havin' the water pored onter 'em an' tuther'ns a bein' dip'd cleen onder, pine blank like the Babtis'; but in cole wether 'twus def'rent. When Muddy Fork friz over the Babtis' broke the ice an' led ther convarts in, a takin' no 'count o' temperatur' whatsomdever, but I never heern o' narry singel Methodis' whose zeal fur immersin' cud stan' thet ar test, ever' las' one 'peerin' ter jine in on b'leevin' thet sprinklin' an' thet in the meetin' house, wi' a rousin' big fire a gwine, wus a long ways the bes' mode o' babtizin' in the winter time.

All uv a sudden, Lishy Menden'all call'd on the surcit rider an' giv' up his exortin' papers, a sayin' he wus tired a doin' secant han' work, thet 'twusn't no trubbel fur him ter talk, but he'd ruther do it on his own hook then ter hang roun' an' tack onter whar tuther fokes left off an' clinch ther argyments fur 'em. An' then he went an' jined the Babtis', whech wus surprisin' ter ever'body, these 'ere uns not a bein' exac'ly his kin'. Som' o' the Methodis' tole Mis' Menden'all thet bein' a "Mother in Isr'el" herself, she orter a hel' her ole man whar he wus, but she sed 'twudn't a bin no use ter a tride ter contrairy him; an' thet es he'd bin brung up a Babtis', mebbe he'd feel more et home wi' these 'ere uns (ef they wus a littel def'rent frum his own) then wi' the Methodis'. But she hoped her an' him agreein' ter disagree on this 'ere pint ud not hender narry one frum a doin' ther dewty; thet thar wus plenty o' work fur Christens o' ever' name an' she'd no dou't ef they don' it the bes' they know'd how they'd all be welcom' ter the good worl', no matter what rode they com' by. Tuther'ns sed she *mout* be rite, but they didn't b'leeve in no short cuts thru the water, a holdin' thet the safetest an' strates' rode ter Heving lay thru the dores o' the good, ole shoutin' Methodis' church. Mis' Ben Jones never giv' her ole man no rest ontell he sold his farm an' sot up a blacksmith shop in Simsonville, an' purty soon, she putt Josiar's wife up ter run a fowl o' Mis' Menden'all 'bout the purtracted meetin's, an' som' tho't thar'd be hard feelin's. But Mis' Menden'all kep' strate on 'thout a openin' her mouth an' when Josiar's wife wus tuk bad off wi' a fever she went an' nussed her thru it, day an' nite, an' when the pore, foolish thing got well, she jis' clung ter Mis' Menden'all es ef she'd bin her own mother. An' fokes tho't 'twus her thet made Mis' Ben Jones giv' up an' go an' ax Mis' Menden'all's parding: "Ferreby," sez Mis' Ben, "I'm monstr'us sorry fur a havin' agged Josiar's wife ter go agin ye 'bout the meetin's, but 'twus her own fault, kase she brung the fash'on o' dippin' inter the kuntry an' sense I've quit smokin' terbacker an' tuk ter a dippin' snuff an' a chawin' uv it onter a stick my narves is all gon' ter mash an' ha'f the time I don't know what I'm a sayin'!" An' Mis' Menden'all ans'ers: "Hanner! I aint never laid up nuthin' agin ye, uther now ur in bygon' times, a knowin' yer onfortinet dispersishun wus wuss fur you'n fur ennybody else! Nuthin' but *grace* is a gwine ter help ye overcom' it an' 'tull take a monstr'us site o' *thet;* but don't giv' up an' be diskurridged two soon, jis' putt a bridel onter yer tong an' hole fast ter yer temper an' keep a tryin' an' a prayin' an', *mebbe*, ye'll turn out def'rent!"

'Bout this 'ere time we got a letter frum Uncle Rube an' Uncle Jess a sayin' they wus a gwine ter move off ter Georgy an' wanted ter sell the ole plaice. Father, a forgivin' but not a forgittin', wudn't hev nuthin' ter do wi' 'em, only ter sine the quit clame deed, but me an' mother went ter ole Kaintuk an' got a middlin' fa'r settelmunt an' brung her sheer o' the niggers back an' freed 'em, a fixin' 'em up comfurtabel on a peece o' land o' ther own, 'twix' father's an' Simsonville. An' thar got ter be a rite smart settelmunt o' therselves an' tuther'ns thet hed run way' frum ther masters an' bin freed, an' they hed ther 'possom suppers an' frolicks tergether sich es they'd bin uster, 'peerin' ter enjoy therselves monstr'us well. Me an' father allus purtected 'em agin the low life grog'ry fellers thet wus so prejudic'd agin free niggers they wus allus a thret'nin' ter com' an' lynch 'em ur drive 'em outen the settelmunt, es hed bin don' in uther plaices.

Paul Wheelrite wus made a pursidin' elder uv an' arter a larnin' our Jim ter reed he hed him ordaned a preecher an' allus giv' him the bes' 'pintments in his Deestrick. When I wus in Kaintuk I hunted up Mis' Reed's kin an' foun' they'd bin a sarchin' fur her up'ards o' ten yer, the ole fokes a havin' died an' left her a ekal sheer o' the propety. An' one o' her brothers, thet hed lost his wife, retarned wi' us an' moved her an' the two boys back ter live wi' him et the ole homestid.

For a long time ontell all sorts o' fokes come in frum ever'whar, them thet patrunized the grog'ry sneeked in the back way, all but Lishy Menden'all thet made no bones o' marchin' in et the frunt dore, monstr'us offen, jug in han', a givin' out thet thar cudn't be no harm in his buyin' licker by 'holesale fur his bitters an' truck. Then Tobe Jones, thet wus a livin' on a good farm in site o' town, sed he 'low'd Lishy'd diskivered a new cure by extarnal treetment, kase he 'peer'd ter be a makin' up nuff bitters an' truck ter flote all his patien's. Mis' Menden'all tole mother she tho't Lishy wus a tryin' ter do es neer rite es he know'd how, but he'd bin brung up cur'os an' hed his tem'tashuns, an' she hoped she wus a tryin' ter do rite two, but wus afeer'd her an' Lishy'd started out tergether so late in life they cudn't never larn ter onderstan' one nuther's ways an' wus allus a gwine ter be two people. But she sed she wusn't a complanin' non' kase it 'peer'd es ef her 'hole life hed bin order'd ter sorter pamper her, ever'- body allus so good ter her, an' her boys a turnin' out so monstr'us well. An' thet she hed Bibel reedin's an' meetin's in her house, when non' o' her naburs hed 'em, an' camp meetin' so clost, an' thet thar she wus in her ole age a livin' mos' jam up agin a meetin' house, a heerin' plenty o' singin' an' gorspel reedin' an' a sarmint ever' Sundy foller'd by class meetin', an' prayer meetin's ever' Thursd'y nite, rane ur shine, an' sometimes a havin' ter take up the cross an' leed 'em herself.

XXXV.

ME AN' KIZZY.

The winter arter we wus marrid Kizzy larnt me ter reed an' reedin' hed ter com' fust, kase I never cud larn ter spell wi' no degree o' certingty whatsomdever, an' es fur ritin', maulin' rales wus allus a site e'sier. 'Peer'd like Kizzy fotch me onfalin' good luck, all my plans an' enterprises a turnin' out monstr'us well, an' we've never bin 'thout plenty an' ter spar'. We brung up our chillern respectabel an' iddecated 'em a long ways ahe'd o' ther parients, but ther book larnin' aint spilt 'em non'; kase they're all industr'us an', ter my certing nolledge, narry one wusn't never know'd ter putt on no stake an' rider'd a'rs nur tom foolery. Our son Jeems hes bin a sarvin' his kuntry in the Legislatur' fur up'ards uv a good menny ye'r, but 't ain't hurt him non', es I know uv, an' I 'umbly an' sinsarely hope 't ain't hurt the kuntry non' nuther.

Blazes lived out more'n the full number o' ye'rs 'lotted ter dum' critters o' her specie, but 'peer'd never ter a forgot my onfeelin' treetmunt, allus a flingin' her he'd up outen reech, ef she cud, whendever I rased my han', but ud stan' gentel es a lam' while Kizzy patted her frum he'd ter foot. Her las' days wus spent in e'se an' she died a roamin' roun' in my bes' medder, up ter her knees in clover, an' our boys berry'd her in a korner whar the wile roses wus a blossomin' an' planted a weepin' willer over her grave.

Ten ye'r ago our chillern celubrated our fiftieth weddin' day an' me an' Kizzy wus the only cuppel uv all o' us thet started out tergether when we wus y'ung, thet wus spar'd ter one nuther. We wus dress'd up a site finer'n we'd ever bin afore an' they made us giv' one nuther plane gold rings, the fust arry one uv us ever hed, kase when we wus marrid nobody didn't w'ar no rings an' no silk nur fine braud cloth nuther. I 'low Ole Daddy Suggs ud a tho't we wus a gwine agin Scripter an' the Disci*p*lin ter putt on " gold an' cos'ly apparul " thet a way, but Kizzy sed she didn't think we wus a doin' no harm in a 'umorin' the chillern, thet got ever'thing reddy an' fix'd us up ter soot ther own noshun. Thar wus fore ginerashuns a surclin' roun' the tabel an' a big bride's cake in the senter thet high it mos' totch the ce'lin' an' plenty o' uther danetys a corryspondin'; an' the 'hole plaice wus decurated wi' goldun rod an' yaller nigger he'ds — thet the y'ungsters call'd " Dasys," an' ever'body 'peer'd ter hev a monstr'us good time. When they wus all gon' me an' Kizzy sot down in the dusk o' evenin' an' talk'd over our 'arly days an' the changes sense we'd started out tergether. How'd I'd com' home frum the Black Hawk War wi' a ragin' fever an' Kizzy'd hed nuther time a bringin' me back ter life agin, an' how we'd lived quiet fur awhile an' then the Raleroders hunted us up an' riddel'd my farm an' crowded us back inter a five acre lot an' giv' us a fortin' fur the balence fur ther big town, an' how the 'hole kuntry grow'd, an' our ole acquentences scatter'd an' the sivil war com' on an' we sent our fore boys ter the fiel' one by one es they wus needed, our younges' a celubratin' his ateenth burthday up Red River in his fust battel an' our Jeems a marchin' thru Georgy an' tuther'ns a skurmishin' wi' the kavalry down in Tennysy. An' how, when the war 'peer'd ter be a draggin' I got monstr'us oneesy an' hinted ter Kizzy thet mebbe I'd better 'list an' go down an' look arter the boys, an' sho'lder'd my muskit an' went an' tuk a han' et soljerin' musself.

An' o' how thankful we wus when peece wus declar'd an' we all reech'd home safet an' soun' tergether. An' then we went back ter the fust nite in our own caben an' how we sot up our fam'ly alter, Kizzy a reedin' a chapter in her Bibel an' then a singin' varse arter varse uv a him ontell I got up kurridge ter start out on my pore, bauky purtishun. An' o' how proud an' happy we wus ter welcom' our fust littel stranger thet we soon lade 'way wi' agonizin' sorrer in the cole berryin' groun' an' went back ter our home thet now seem'd so lonesom' an' des'late, tho' I hed Kizzy an' Kizzy hed me. An' I tho't o' how she'd folded up all the preschus littel gyarments an' putt 'em inter the gum cradel I'd made an' hid it onder the bed outen our site; an' then don' her bes' ter rally an' comfurt me. An' we now agreed thet, mebbe, this 'ere hart rendin' loss hed made us more patien' an' tender wi' our tuther chillern, a realizin' they wusn't raly our own ter keep, but only lent us awhile ter trane an' keer fur, an' sooner ur later ud be tuk back agin. An' we talk'd o' father an' mother, an' uther fr'en's a restin' in the ole berryin' groun' whar high monumunts now tower'd up in plaice o' the littel wooden he'd bords. An' we spoke o' Kizzy's mother, thet arter all her trubbels an' wanderin's wus now a sleepin' by the side o' her parients on the homestid farm back in ole Kaintuk; then, all uv a suddent, we sot still an' silen', kase we heern the bells our son Jeems hed giv' the new meetin' house a tollin' out the solem' 'ours o' midnite.

An' sense our golden weddin' the ye'rs 'peers ter be a gallupin', a hurryin' us neerder Heving an' the fr'en's gon' afore us; an' while me an' Kizzy jurneys on tergether, she offen sings these 'ere varses frum "Pisgy" thet takes our ricollecshin a fur ways back an' helps us ter look forrids wi' the eye o' faith inter the everlastin' futur':

> "In hopes o' thet immortul crown
> I now the cross sustane
> An' gladly wander up an' down
> An' smile et toil an' pane.

I'll suffer on my *fourscore* ye'rs
Tell my deliv'rer comes
An' wipes away his sarvent's teers
An' takes his exile home.

Giv' joy ur greef, giv' ease ur pane,
Take life ur fr'en's away:
But let me find them all agane
In thet etarnal day."

www.ingramcontent.com/pod-product-compliance
Lightning Source LLC
Chambersburg PA
CBHW032105230426
43672CB00009B/1648